어린이 과학 형사대
CSI ㉑

 CSI 3기를 찾아라!

어린이 과학 형사대 CSI ㉑

초판 1쇄 발행 | 2013년 3월 15일
초판 13쇄 발행 | 2020년 10월 19일

지은이 | 고희정
그린이 | 서용남
감　수 | 곽영직(수원대학교 물리학과 교수)

펴 낸 곳 | (주)가나문화콘텐츠
펴 낸 이 | 김남전
편 집 장 | 유다형
편　　집 | 이보라
디 자 인 | 정란
마 케 팅 | 정상원 한웅 정용민 김건우
경영관리 | 임종열 김하은

출판 등록 | 2002년 2월 15일 제10-2308호
주　　소 | 경기도 고양시 덕양구 호원길 3-2
전　　화 | 02-717-5494(편집부) 02-332-7755(관리부)
팩　　스 | 02-324-9944
홈페이지 | ganapub.com
이 메 일 | ganapub@naver.com

ⓒ 고희정·서용남, 2013

ISBN 978-89-5736-567-0　(74400)
　　　978-89-5736-440-6　(세트)

* 책값은 뒤표지에 표시되어 있습니다.
* 이 책의 내용을 재사용하려면 반드시 저작권자와 (주)가나문화콘텐츠 양측의 동의를 얻어야 합니다.
* 잘못된 책은 구입하신 서점에서 바꾸어 드립니다.

* '가나출판사'는 (주)가나문화콘텐츠의 출판 브랜드입니다.

・제조자명 : (주)가나문화콘텐츠
・주소 및 전화번호 : 경기도 고양시 덕양구 호원길 3-2 / 02-717-5494
・인쇄일 : 2020년 10월 12일
・제조국명 : 대한민국
・사용연령 : 4세 이상 어린이 제품

어린이 과학 형사대
CSI ㉑

 CSI 3기를 찾아라!

글 고희정 | 그림 서용남
감수 곽영직(수원대학교 물리학과 교수)

주인공 소개

• 한마리 (생물 형사)
어릴 적에 엄마가 돌아가셨지만 긍정적이고 밝은 성격으로 자란 아이. 할머니, 아버지와 함께 살며 따뜻한 마음을 지녔다.

• 은하수 (지구과학 형사)
부끄러움을 잘 타는 소극적인 아이. 과보호를 받으며 엄마의 바람대로 자라 자기 의견을 잘 말하지 못한다.

• 강태산 (물리형사)
한국인 아빠와 일본인 엄마 사이에서 태어난 아이. 잘생긴 얼굴과 기타 실력 덕분에 인기가 많지만 늘 삐딱하게 행동한다.

• 고차원 (화학 형사)
아는 게 많은 만큼 잘난 척도 무진장 심한 아이. 스스로 잘 났다고 생각해 얄밉기도 하지만 알고 보면 어리바리하다.

CSI

CSI 1기 형사들
• 한영재　• 이요리　• 반달곰　• 나혜성

CSI 2기 형사들
• 황수리　• 양철민　• 신태양　• 강별

형사 학교 학생들
• 최운동　• 장원소　• 소남우　• 송화산

어린이 형사 학교 선생님들
• 공차심 교장　• 어수선 형사　• 신기한 형사　• 박춘삼 교장

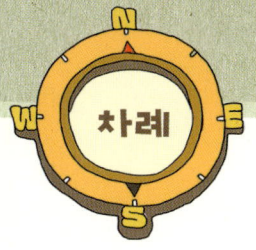

- 5년 후, 새롭게 시작하다 6

 사건 1 우연한 만남, 놀라운 발견 12
　　　　핵심 과학 원리 – 잎의 구조와 잎차례
　　　마리가 들려주는 사건 해결의 열쇠 46

 사건 2 가려진 진실을 벗겨라! 50
　　　　핵심 과학 원리 – 콜로이드
　　　차원이가 들려주는 사건 해결의 열쇠 86

 사건 3 목격자의 활약 90
　　　　핵심 과학 원리 – 태양의 움직임
　　　하수가 들려주는 사건 해결의 열쇠 126

 사건 4 학교 폭력의 비밀 130
　　　　핵심 과학 원리 – 중력과 자유 낙하
　　　태산이가 들려주는 사건 해결의 열쇠 166

- CSI 3기 파이팅! 170

- 특별 활동 : CSI, 함께 놀며 훈련하다! 176

- 찾아보기 186

5년 후, 새롭게 시작하다

CSI 2기 아이들이 졸업하고 어느덧 5년이라는 시간이 흘렀다. 그리고 한참 싸늘했던 겨울 날씨가 하얀 눈송이와 함께 포근해진 토요일 오후, 어느 결혼식장.

와~ 눈이 오네!

예쁘다.

백년 예식장

똑똑.

신부 대기실

준비됐어?

빼꼼

OK! 준비 끝!

샤바방~

요리 22세

누구냐 넌?

혜성 22세

핵심 과학 원리 | 잎의 구조와 잎차례

사건1

우연한 만남, 놀라운 발견

"혹시 CSI 1기? 맞죠?"
혜성이와 요리가 고개를 끄덕이자,
마리는 갑자기 폴짝폴짝 뛰며 좋아했다.
"와, 진짜! 대박! 제가 완전 팬이거든요.
전설의 CSI를 만나다니!"

 CSI 3기를 찾아라!

전혀 예상치 못한 교감 발령으로 어 형사는 울상이 되었다. 다시 형사 학교로 오는 건 생각도 못 했고, 무엇보다 공 교장 밑에서 매일 축구를 해야 한다는 사실이 끔찍했다. 현장에서 근무한 4년보다 경찰청 발령을 받고 공차심 국장 밑에서 일한 지난 1년이 더 힘들었기 때문이다.

"하하하. 그러니까 체력 좀 키워."

박 교장은 축구하느라 완전 탈진 상태가 된 어 형사를 보며 웃었다. 그러자 공 교장도 거들었다.

"그러게요. 어 교감은 다 좋은데 체력이 너무 약해요. 운동 시간을 좀 더 늘려야……."

공 교장의 말이 채 끝나기도 전에 어 형사가 손사래를 쳤다.

"아닙니다. 충분합니다. 지금도 아주 충분합니다."

"하하하."

박 교장과 공 교장은 재미있다는 듯 웃었다.

잠시 후 노크 소리가 들렸다. 제일 먼저 양철민과 소남우가 들어왔다. 박 교장이 불러서 온 것이었다. 철민이는 그사이 일본 국립 경찰학교를 졸업하고 일본 최고의 공과대학에 입학했다. 그리고 감전일 밑에서 나름 유명한 사립 탐정으로 성장했다. 남우는 미국 명문 사립 학교를 졸업하고, 아이비리그 중 한 곳인 예원대학에서 사회복지학을 전공하고 있다. 또 세계 곳곳을 돌아다니며 자원봉사도 열심히 하고 있다. 둘 다 겨울 방학을 맞아 친구들도 만나고 안 형사 결혼식에도 참석하기 위해 한국에 들어와 있었다.

이어서 아이들이 하나둘씩 모여들었다. 모두 열한 명. 최운동은 지난여름 해병대에 자원입대해 오지 못했다. 안 형사 결혼식에는 잠깐 휴가를 얻어 나온 터였다.

한자리에 모두 모이자 박 교장이 말했다.

"너희에게 소개하마. 새롭게 형사 학교 교장 선생님이 되신 공차심 교장 선생님이시다."

우연한 만남, 놀라운 발견 15

"안녕하세요?"

모두들 예의 바르게 인사했다.

"그리고 이쪽에 계신 분은……."

"아이, 당연히 알죠."

철민의 말에도 불구하고 박 교장은 짓궂게 소개를 했다.

"어수선 교감 선생님이시다."

"네? 교감 선생님이요?"

아이들은 동시에 소리를 지르더니 축하 인사를 했다.

"축하드려요."

"어수선 교감 선생님, 멋지십니다. 하하하."

조용해지길 기다려 박 교장이 말을 이었다.

"이제부터 형사 학교 학생을 뽑아야 한다. 물론 그 아이들은 CSI 3기가 될 거다."

CSI 3기! 2기가 졸업학고 박 교장이 퇴임한 후 새롭게 부임한 교장은 지난 5년 동안 CSI 제도를 운영하지 않았다. 형사 학교 학생들만 뽑아 교육시켰다. 그래서 그런지 학교의 인기가 날로 떨어졌고 올해는 지

원자도 거의 없는 상황에 이르렀다. 게다가 마지막 테스트까지 통과한 아이가 한 명도 없어, 결국 경찰청장이 교장을 교체한 것이었다.

"그런데 시간이 별로 없어. 2주 안에 CSI 네 명을 뽑아야 되는데, 그걸 너희들이 해 줬으면 한다."

헉, 이게 무슨 말씀? 혜성이가 정리해 다시 물었다.

"그러니까 저희더러 CSI 3기를 찾아오라는 말씀이세요?"

박 교장과 공 교장은 동시에 고개를 끄덕였다. 어 형사가 즐거운 표정으로 말했다.

"너희들, 완전 괴롭겠다. 하하하."

역시 다른 사람의 괴로움은 어 형사에게 큰 기쁨이 되는가 보다. 공 교장이 말했다.

"형사 학교의 앞날이 너희들 손에 달려 있다고 생각하고 열심히 찾아 주길 바란다. 너희들만 믿는다."

'믿는다.' 이보다 더 무서운 말이 있을까. 아이들은 걱정이 되기 시작했다. 과연 잘 찾을 수 있을지, 2주라는 짧은 시간 안에…….

다음 날 CSI 1기인 나혜성, 이요리, 한영재, 반달곰은 달곰이가 다니는 대학교 앞 아이스크림 전문점에서 만났다.

"주변에 아는 아이, 없어? CSI 할 만한?"

요리의 말에 혜성이가 대답했다.

"있었으면 벌써 얘기했지."

CSI가 될 만한 아이가 어디서 기다리고 있는 것도 아니고, 막막할 뿐이었다. 솔직히 되돌아보면 CSI가 되는 것은 정말 쉬운 일이 아니다. 그저 과학을 잘한다고 되는 것도 아니고 똑똑하다고 되는 것도 아니다. 무엇보다 열심히 배우는 자세와 어려움에 굴하지 않고 끝까지 최선을 다하는 굳은 의지가 필요한 일이다. 물론 위험한 상황도 많이 닥치기 때문에 스스로 원하지 않는 한 억지로 시킬 수도 없다.

이미 희망자를 모아 테스트를 해 봤는데도 마지막까지 합격한 사람이 없었다니, 다시 광고를 내고 테스트를 해 보는 건 무의미했다. 어느새 한 시간이 훌쩍 지났는데도 좋은 생각은 떠오르지 않았다. 바로 그때, 달곰이가 입을 열었다.

"우리……."

모두의 눈이 달곰이에게 쏠렸다.

"밥부터 먹고 생각하면 안 될까?"

"뭐어?"

사실 5년의 세월 동안 CSI 1기에게도 많은 변화가 있었다. 혜성이는 미국에서 대학을 졸업하고, 나사(NASA, 미국 항공 우주국)의 정식 연구원이 되어 우주인이 되기 위한 훈련을 받고 있다. 요리는 프랑스 최고의 대학에서 심리학을 전공하고 각종 국제 요리 대회의 상을 휩쓴 다음, 지금은 세계적인 푸드스타일리스트로 주목받고 있다. 영재는 국립 형사 학교와 경찰대학을 졸업한 후 지금은 서울 양동 경찰서 형사과에서 일하고 있다. 직급은 경위. 달곰이는 우수대학교 생물학과를 졸업하고 대학원에 진학해 석사 과정을 밟고 있다. 생물학 교수가 되는 게 달곰이의 목표다. 지금은 모두들 각자 다른 길을 걷고 있지만 CSI 형사로서 함께하면서 생긴 서로에 대한 추억과 믿음 그리고 우정은 전혀 변함이 없었다. 아니, 시간이 갈수록 더 깊어지고 있었다.

"알았어. 그럼 좀 있다 먹자."

달곰이가 풀이 죽어 대답했다. 그러자 요리가 벌떡 일어나며 말했다.

"에이, 그럴 수는 없지. 금강산도 식후경인데."

"그래. 가자, 가."

혜성이랑 영재도 따라 일어났다.

"야호!"

달곰이는 신 나서 따라나섰다.

 황당한 사건

밖으로 나오자 어디선가 노랫소리가 들려왔다. 달곰이가 소리가 나는 쪽을 보며 물었다.

"가수라도 왔나?"

다른 아이들도 노랫소리가 나는 쪽을 보았다. 근처 놀이터에 사람들이 모여 있는 걸로 보아, 거기에서 누가 노래하고 있는 듯했다. 혜성이가 말했다.

"가수는 아닌 거 같고. 그래도 꽤 하는데."

그러자 요리가 혜성이를 잡아끌었다.

"우리도 가 보자."

놀이터에 가니 기타를 치며 노래를 부르는 한 남자, 아니 남자아이가 있었다. 예상보다 얼굴이 어려 보였지만 기타 솜씨는 꽤 수준급이었다. 듣고 있던 사람들이 박수를 쳤다. 그런데 바로 그때였다. 갑자기 뒤에서 큰 소리가 들렸다.

"태산!"

사람들의 시선이 소리 난 쪽으로 쏠렸다. 한 남자가 화난 표정으로 기타 치는 아이를 보고 있었다. 깜짝 놀란 아이가 황급히 기타를 챙기며 말했다.

"미, 미안."

그러더니 냅다 도망치는 것이 아닌가! 화난 남자도 그 뒤를 쫓으며 계속 소리를 질렀다.

"태산, 거기 서!"

딱 봐도 집 나온 아이와 잡으러 온 아버지였다. 요리가 말했다.

"아빤가 봐. 닮았어."

"노래하는 걸 반대하시나 봐."

영재가 나름 추측을 내놓았다.

결국 거리 콘서트는 그렇게 끝이 났고, 아이들은 다시 식당으로 향했다. 그런데 영재가 향수 파는 노점 앞에서 멈춰 섰다.

우연한 만남, 놀라운 발견 21

"잠깐만."

그러더니 향수를 고르는 게 아닌가! 한영재가 향수를 고른다?

"영재 너 여자 친구 생겼구나?"

요리가 물었다.

"아니."

영재는 고개를 저으며 대수롭지 않게 대답했다.

"그런데 왜 갑자기 향수를 사? 그것도 여자 향수를?"

달곰이도 이상하다는 듯 물었다. 충분히 의심할 만한 상황이었다. 영재는 손에 든 향수를 앞으로 내밀어 보이며 물었다.

"이 향수, 진짠지 가짠지 어떻게 아는 줄 알아?"

"그건 갑자기 왜?"

달곰이는 영재의 질문이 뜬금없다고 생각했지만 곧 대답했다.

"아주머니께 여쭤 보면 금세 알지. 아주머니 이 향수 진짜예요, 가짜예요?"

"당연히 진짜지! 여기 있는 거 다 진짜야. 사람을 어떻게 보고!"

향수 파는 아주머니가 버럭 화를 내자 달곰이는 얼굴이 빨개졌다. 영재는 향수병 뒤를 가리키며 말했다.

"하하하. 알아요. 진짜인 거. 제대로 수입된 향수에는 제품명, 용량, 주요 성분, 생산년도가 적힌 한글 태그가 붙어 있어."

그제야 눈치 빠른 요리가 물었다.

"너 가짜 향수 사건 맡았구나?"

"응."

"어쩐지……."

혜성이와 달곰이가 황당한 표정을 지었다. 영재에게 여자 친구가 생겼을지도 모른다고 기대한 사람이 잘못이었다. 영재는 덤덤하게 설명했다.

"최근 인터넷 쇼핑몰이나 노점에서 산 가짜 향수 때문에 피해를 입었다는 신고가 많이 들어와서 수사 중이거든."

"인터넷에 보면 20~50% 할인 가격에 파는 향수들이 많던데, 그럼 그중에 가짜인 것도 있겠네?"

요리가 물었다.

"그렇지. 가짜 향수는 보통 알코올 함량이 높아서 강한 향을 풍겨. 또 뿌린 직후 나는 향은 비슷하더라도 마지막 남는 잔향이 다른 경우도 많지."

"우아, 향수 전문가 다 됐네."

향수를 뿌리면 향긋한 냄새가 나는 이유는?

향수는 냄새가 나는 향료를 알코올 등에 용해시켜 만든 화장품이야. 알코올에 용해시키는 이유는 알코올의 증발 속도가 빠르기 때문이지. 알코올을 손등에 바르면 시원한 느낌이 들지? 알코올이 손등의 열을 빼앗아 기체로 변해 증발하기 때문이야. 그래서 향수를 뿌리면 향수 분자가 알코올과 함께 공기 중으로 증발하면서 향긋한 냄새가 나는 거지.

달곰이가 대견하다는 듯 머리를 쓰다듬자 영재가 어깨를 으쓱하며 말했다.

"형사의 기본자세지."

"하하하."

모두 웃음이 터졌다. 역시 함께 있으니 즐겁다. 그런데 그때, 바로 옆 노점에서 날카로운 외침이 들렸다.

"도둑이야!"

아주머니 한 분이 찢어진 가방을 들고 당황한 얼굴로 서 있었다. 재빨리 주위를 살펴보니, 황급히 도망가는 여자의 뒷모습이 보였다. CSI는 누가 먼저랄 것도 없이 그 여자를 쫓기 시작했다. 여자는 생각보다

빨랐다. 사람들로 꽉 들어찬 좁다란 골목길을 50미터 이상 뛰어가서야 혜성이가 여자의 뒷덜미를 잡아챘다.

"아얏!"

여자가 넘어질 듯 멈춰 섰다. 그러고는 뒤를 돌아보는데, 이게 어찌 된 일인가! 키는 크지만 예상외로 어려 보이는 얼굴. 초등학생이 분명했다.

"왜 그러세요? 빨리 이거 놓으세요."

"안 돼. 왜 남의 것을 훔쳐?"

그러자 아이는 황당하고 억울한 표정으로 말했다.

"훔치다니요. 제가요? 허 참, 제가 아니라 저기 저 남자예요."

아이가 가리키는 곳을 보니, 정말 남자 한 명이 사람들을 헤치며 도망치고 있었다.

"내가 가 볼게."

영재와 달곰이가 얼른 남자를 뒤쫓았다. 요리가 물었다.

"그럼 넌? 소매치기 잡으려고 뛰어갔던 거야?"

"네. 좌판에서 머리띠를 구경하고 있는데 옆에 있는 남자가 좀 수상했어요. 그런데 순식간에 한 아주머니의 가방을 찢더니 지갑을 훔쳐 도망가는 거예요. 그래서 얼른 아주머니한테 가르쳐 드리고 쫓아온 거예요. 아이참, 오빠 때문에 놓쳤잖아요."

아이는 혜성이를 보며 영 아쉬운 표정으로 말했다.

"미, 미안."

혜성이가 머리를 긁적이며 말했다. 그런데 그 순간 요리에게 좋은 생각이 떠올랐다. 여자아이를 유심히 보니 꽤 똘똘해 보였다. 진짜 도둑을 잡겠다고 쫓아갈 정도면 용기도 있고, 정의감도 있고, 또 운동 신경도 상당히 좋은 게 분명했다. 요리가 물었다.

"이름이 뭐니?"

"한마리요. 별명은 두 마리예요. 하하하."

"뭐? 두 마리? 하하하."

요리와 혜성이는 웃음을 터뜨렸다. 밝고 명랑한 아이다. 요리는 다시 물었다.

"혹시 CSI라고 아니?"

그러자 마리는 눈이 동그래지며 오히려 되물었다.

"혹시 CSI 1기? 맞죠?"

혜성이와 요리가 고개를 끄덕이자, 마리는 갑자기 폴짝폴짝 뛰며 좋아했다.

"와, 진짜! 대박! 제가 완전 팬이거든요. 전설의 CSI를 만나다니!"

"뭐? 전설의 CSI? 하하하."

CSI 1기가 형사 학교를 졸업한 지는 벌써 7년이나 지났다. 2기가 졸업한 지도 5년이 지났지만 아이들의 행보는 끊임없이 사람들의 관심을 끌었다.

특히 나혜성은 한국이 낳은 천재 우주인으로 알려지며 유명인이 되었고, 이요리 역시 최근 한국으로 돌아와 몇몇 방송 프로그램에 신세대 푸드스타일리스트로 소개되면서 이전에 CSI로 활동한 이력이 화제가 되었다. 뿐만 아니라 CSI의 활약을 다룬 책이 출간되고 드라마와 영화까지 만들어져 히트를 쳤으니, 어쩌면 못 알아보는 게 더 이상한 일일지도 모른다.

"이렇게 만나다니, 정말 영광이에요."

마리가 함박웃음을 지으며 말했다. 요리도 미소 지으며 물었다.

"고맙다. 그런데 마리야, 너 혹시 CSI가 되고 싶은 생각은 없니?"

순간 혜성이는 요리의 생각을 알아차렸다. 생각해 보니 괜찮을 것도 같았다. 뜻밖의 제안에 마리는 깜짝 놀란 표정으로 되물었다.

"CSI요? 제가요?"

요리가 다시 물었다.

"그래. 테스트 한번 볼래? 내가 보기에는 잘할 것 같은데."

하지만 마리는 선뜻 대답하지 못했다.

"하고 싶기는 한데요, 아버지랑 할머니께 여쭤 봐야 돼요."

그때였다. 소매치기를 쫓아갔던 영재와 달곰이가 허탈한 표정으로 돌아왔다.

"놓쳤어."

"놓쳤어요? 아이참, 내가 잡을 수 있었는데."

마리는 아쉽다는 듯 말했다. 상황을 모르는 영재와 달곰이는 어리둥절해하며 서로 쳐다봤다. 마리가 물었다.

"여쭤 보고 연락드려도 되죠?"

"그럼 당연하지."

요리는 자신의 휴대전화 번호를 가르쳐 주었다.

"꼭 연락드릴게요."

마리는 90도로 머리 숙여 인사하고는 쏜살같이 사라졌다. 영재가 물었다.

"무슨 얘기야?"

"CSI 해 볼 생각 없느냐고."

"쟤를?"

달곰이가 묻자, 요리는 멀어져 가는 마리를 보며 대답했다.

"응. 딱 맘에 들어."

 한마리, 테스트를 받다

다음 날 오후. 드디어 마리에게서 기다리던 전화가 왔다.

"열심히 해 볼게요."

요리는 반가운 마음에 당장 만나자고 했다. 마리는 요리를 만나자마자 사뭇 진지한 표정으로 물었다.

"한 가지만 여쭤 봐도 될까요?"
"그래. 뭔데?"
"제가 일곱 살 때 엄마가 뺑소니 교통사고로 돌아가셨어요."
갑작스런 마리의 고백에 요리는 당황했다.
"그래. 그랬구나."
"그런데 그때 저도 같이 있었거든요. 분명히 범인의 뒷모습을 봤는데, 그때는 제가 너무 어렸고 또 무서워서 말할 수가 없었어요. 제가 CSI가 되면 범인을 잡을 수 있을까요?"
어린아이가 얼마나 놀라고 슬펐을까 생각하니 요리는 마음이 아팠다. 요리는 고개를 끄덕이며 대답했다.
"그럼. 잡을 수 있고말고. 내 도움이 필요하면 언제든지 얘기해. 알았지?"
"네, 감사합니다."
마리는 금세 얼굴이 환해졌다. 요리는 생각했다.
'그렇게 아픈 일을 겪었는데도 밝고, 명랑하고, 씩씩하게 자랐구나.

한마리, 넌 분명히 멋진 CSI가 될 거야.'

요리는 마리를 데리고 영재가 있는 양동 경찰서로 갔다. 전날 마리가 간 뒤에 상황을 설명하고, 혹시 마리가 테스트를 받겠다고 하면 영재가 맡기로 했기 때문이다. 아무래도 영재가 경찰서에서 근무하고 있으니 테스트하기도 훨씬 쉬울 거라 생각했다.

경찰서 안은 패싸움을 벌이다 잡혀 온 동네 중학생들 때문에 시끌벅적했다. 영재도 정신이 없는 모양이었다.

"바쁘구나?"

"아, 요리 누나! 금방 끝나니까 조금 있다 내가 테스트할게. 마리는 여기 두고 누나 먼저 가. 전화할게."

"그럼 잘 부탁한다. 마리야, 파이팅!"

요리가 주먹을 불끈 쥐며 파이팅을 외쳐 주자, 마리도 따라 했다.

"파이팅!"

그렇게 요리가 가고 난 뒤 영재는 주위를 둘러보며 말했다.

"가만, 어디 좀 앉아서······."

마리가 얼른 대답했다.

"신경 쓰지 마세요. 제가 알아서 있을게요. 얼른 일 보세요."

영재가 가자, 마리는 빈 의자를 찾아 앉았다. 패싸움을 하다 잡혀 들어온 중학생들은 서로 상대방이 먼저 때렸다며 실랑이를 하고 있었고, 영재와 다른 한 형사가 한 명씩 불러 조서를 작성하고 있었다.

다른 쪽 형사들도 뭐가 그리 바쁜지 정신이 없었고, 전화벨은 시도 때도 없이 울렸다. 한마디로, 경찰서 안은 아수라장이었다.

마리는 문득 어제 CSI가 되고 싶다고 말했을 때가 생각났다. 물론 아빠는 반대하셨다.

"어려운 일이야. 위험한 일이고. 난 반대다."

"하지만 꼭 해 보고 싶어요. 저도 요리 언니나 혜성 오빠처럼 정의롭고 멋진 CSI가 될게요. 네?"

"영웅이 되고 싶다는 생각에서라면 난 더 반대다. 그냥 공부나 열심히 해. 알았지, 마리야?"

그때 할머니가 나서 주셨다.

"해 보라고 해라. 요즘 아이들의 가장 큰 문제가 하고 싶은 게 없는 거라더라. 마리가 하고 싶은 게 있다는데 왜 막아."

마리는 얼른 할머니께 감사의 윙크를 날렸다. 아버지는 할머니 말씀이라면 무조건 따랐다. 결국 아버지도 허락해 주셨다. 그러나 당부의 말씀도 잊지 않으셨다.

"정의감도 좋고 의무감도 좋고 또 영웅 심리도 좋은데, 어떤 상황에서든 네 몸과 안전을 가장 중요하게 여겨야 한다. 한마리, 넌 내 목숨보다 소중한 딸인 거 알지?"

엄마가 갑자기 돌아가신 후 이제껏 마리만 보고 살아오신 아버지의 심정을 왜 모르겠는가. 마리는 새끼손가락까지 걸면서 약속했다.

"걱정 마세요. 약속, 사인, 복사! 됐죠? 헤헤헤."

어렵게 받아 낸 허락이건만 막상 현장에 앉아 있으려니 마리는 점점 자신이 없어졌다.

'내가 진짜 잘할 수 있을까? 아빠 말씀대로 그저 영웅이 되고 싶어서 들떴던 건 아닐까?'

그사이 영재는 조서를 마무리하고 있었다. 그런데 휴대전화가 울려 보니, 영재와 한 팀인 송민국 형사였다. 직급은 영재보다 낮지만 나이는 두 살이나 많아 영재가 형이라고 부른다.

"형, 왜?"

송 형사가 다급하게 외쳤다.

"찾았어. 방수남 본거지."

"그래? 어디야? 알았어. 갈게."

영재는 부리나케 뛰쳐나갔다. 갑작스런 상황에 이제껏 영재를 기다리던 마리는 깜짝 놀라 영재를 불렀다.

"저, 저기!"

영재는 그제야 깜빡했던 마리의 존재가 생각났다.

"따라와!"

마리는 얼른 영재를 따라나섰다. 영재는 차를 타고 가며 사건에 대해 간단히 설명해 주었다.

"이름은 방수남. 중국이나 동남아시아에서 제조된 가짜 향수를 들여와 유통한 업자인데, 방금 그 본거지를 알아냈어. 그래서 잡으러 가는 거야."

"잡으러 간다고요? 지금요?"

마리는 잔뜩 긴장한 얼굴이었다. 아무리 겁 없는 마리라지만 테스트 받으러 온 상황에서 진짜 범인을 잡으러 간다니, 당황하는 건 당연했다.

"왜? 겁나?"

영재가 물었다. 마리는 잠깐 생각하더니 결연한 표정으로 대답했다.

"아니요. 괜찮아요. 얼마 전에 뉴스에서 봤어요. 가짜 향수는 피부에 부작용을 일으킬 위험이 크다고요. 또 진짜 향수를 만들어 파는 사람들에게도 큰 손해를 끼치는 거니까 당연히 잡아야죠."

진지한 마리의 표정에 영재는 흐뭇한 미소를 지었다. 그러는 사이 송 형사가 말한 장소에 도착했다. 주택가 한쪽에 위치한 주차장에 차를 세우자 누군가 창문을 두드렸다. 영재가 차창을 내리자, 한 남자가 대뜸 고개를 쑥 들이밀며 물었다.

"누구야? 애…… 인은 아닌 거 같고."

송 형사였다. 애인이냐고 물으려다가 마리가 너무 어려 보여 재빨리 말을 돌린 것이었다.

"CSI 테스트 중이야."

"아!"

송 형사는 얼른 알아들었다. 영재가 CSI 출신이고, 지금 형사 학교에서 CSI 3기를 찾고 있으며, 영재에게도 그 임무가 주어졌다는 것을 들어 알고 있기 때문이었다. 영재가 차에서 내리며 마리에게 말했다.

"부를 때까지 여기서 기다려."

"저도 같이 가면 안 되나요?"

"아직은 안 돼. 부르면 들어와."

단호한 영재의 말에 마리는 따라가고 싶은 마음이 굴뚝같았지만 참았다. 송 형사는 트렁크에서 조끼와 모자를 꺼내더니 택배 배달원으로 위장했다. 택배 상자까지 든 모습이 영락없는 택배 배달원이었다. 송 형사와 영재는 한 단독 주택의 대문으로 쏜살같이 뛰어갔다. 영재는 대문 기둥 뒤로 몸을 숨겼고, 송 형사가 벨을 눌렀다.

"당신들 뭐야!"

"누구세요?"

"택배 왔습니다."

남자는 의심 없이 문을 열어 주러 나왔다. 대문이 열리고, 송 형사가 물었다.

"방수남 씨, 맞으시죠?"

"그런데요."

그러자 기둥 뒤에 있던 영재가 순식간에 튀어나와 방수남의 팔을 제압하더니 압수수색영장을 내밀며 말했다.

"방수남 씨, 집 좀 구경하겠습니다."

방수남이 소리쳤다.

"당신들 뭐야? 왜 이래?"

송 형사가 말했다.

"그거야 들어가 보면 알겠죠."

송 형사가 방수남을 앞세우고 집 안으로 들어갔다. 영재도 따라 들어가 버렸다. 차에 혼자 남은 마리는 난감했다. 방수남을 잡았으니 따라 들어가야 할지, 아니면 계속 차에 남아 있어야 할지……. 그때였다. 영재가 다시 나오더니 오라는 손짓을 했다. 마리는 기다렸다는 듯 재빨리 뛰어갔다.

 놀라운 발견

마리가 거실에 들어섰을 때 방수남은 소파에 앉아 있었고 송 형사가 그를 지키고 있었다. 영재가 안방으로 들어가면서 명령했다.

"가짜 향수 있는지 찾아봐."

"네!"

마리는 얼른 거실장 여기저기를 열어 봤다. 하지만 가짜 향수로 보이는 것은 없었다. 안방 쪽은 영재가 갔으니, 마리는 베란다 쪽을 찾아보기로 했다.

영재는 안방에서 서랍장과 장롱을 다 뒤졌지만 아무것도 발견하지 못했다.

'뭐 하나라도 나올 텐데. 도대체 어디에 숨긴 거지?'

장롱 안의 옷을 다 꺼내 봐도 아무것도 없었다. 그런데 막 장롱 문을 닫으려는 순간, 장롱 안쪽 벽에 아주 작은 틈이 눈에 띄었다. 틈을 밀어 보니, 열린다. 문이었다. 장롱 안에 문이 있다니! 영재가 얼른 문을 열었더니 또 다른 벽장이 나왔다.

'이럴 줄 알았어.'

예상대로 벽장 안에는 상자가 쌓여 있었다. 모두 다섯 상자였다. 상자 하나를 열어 보니 영재가 말하던 가짜 향수가 들어 있었다. 그런데 그중 두 상자에는 '말보고'라는 미국 담배가 잔뜩 들어 있었다.

'가짜 담배도 팔았군.'

영재는 기가 막혔다.

그 사이 마리는 베란다 오른쪽에 있는 창고를 뒤졌다. 창고 안에는 지저분한 물건들이 아무렇게나 쌓여 있었다. 수상한 물건은 없었다. 다음은 왼쪽에 있는 창고로 갔다. 그런데 창고 안에서 빛이 흘러나오고 있었다.

'창고 안에 전등을 달아 놨나?'

좀 이상했다. 문을 열어 보니 정말 전등이 켜져 있었다. 또 화분이 빼곡히 들어차 있고, 환풍기에 습도계까지 있었다. 창고 안의 온실이라고? 마리는 번쩍 떠오르는 게 있어 얼른 식물의 잎과 줄기를 살폈다. 마리의 얼굴이 하얘졌다.

영재는 담배 상자를 가지고 거실로 나왔다. 방수남은 영재의 손에 담배 상자가 들린 것을 보더니, 움찔했다. 송 형사가 먼저 물었다.

"웬 담배? 가만, 당신 가짜 담배도 팔았어?"

방수남은 고개를 숙이고는 아무 대답도 하지 않았다. 그때 마리가 소리쳤다.

"여기 좀 와 보세요!"

"저기도 있나 본데."

송 형사가 턱으로 베란다를 가리키며 말했다. 영재는 얼른 베란다로 나가며 물었다.

"가짜 향수가 거기에도 있어?"

"아니요. 그런데……."

베란다 창고 문 앞에 선 마리의 표정이 영 이상했다. 영재가 물었다.

"그럼 가짜 담배야?"

"그게 아니라……. 대마예요."

"대마?"

영재는 마리가 무슨 소리를 하나 싶었다. 영재가 다시 물었다.

"대마초를 만드는 대마 말이야?"

"네."

마리는 얼른 베란다 창고 문을 열며 대답했다. 창고 안에는 화분이 잔뜩 들어 있었다. 게다가 조명에, 환풍 시설까지! 영재는 놀랐다. 창고 때문이 아니라 마리 때문이었다.

'이게 대마인 줄 어떻게 알았지?'

보통 아이가 아니라는 생각이 들었다. 영재는 짐짓 모르는 척 다시 물었다.

"그냥 관상용 화분 아니야?"

마리는 동그란 눈을 반짝이며 대답했다.

"식물은 저마다 특징이 있는데요, 꽃이나 열매도 제각각 다르지만 잎이 줄기에 붙어 있는 모양도 달라요. 그걸 잎차례라고 해요."

"그래. 엽서라고도 하지."

영재의 호응에 마리는 신 나게 설명하기 시작했다.

"맞아요. 잎차례는 외부의 조건에 의해서는 쉽게 변하지 않고, 종류별로 일정한 경향이 있기 때문에 식물을 분류하는 기준이 되기도 해요. 하나의 마디에 한 장의 잎이 번갈아 붙어 있는 것을 '어긋나기'라고 하고, 잎이 두 장씩 마주 보며 나 있는 경우를 '마주나기', 또 하나의 마디에 세 장 이상의 잎이 붙어 있으면 '돌려나기'라고 하죠. 또 여러 장의 잎이 뭉쳐서 나는 건 '무리지어나기'라고 해요."

"그럼 대마는?"

"대마는 뽕나뭇과의 한해살이 식물이에요. '삼'이라고도 하죠. 그런데 대마는 잎차례가 좀 특이해요. 줄기 밑부분에 달린 잎은 마주나 있는데, 줄기 윗부분에 달린 잎은 어긋나 있거든요. 대마처럼 두 가지 이상의 잎차례를 보이는 식물도 있어요."

"그것만 가지고 대마라고 단정 지을 수 있을까? 특이한 잎차례를 보이는 다른 식물일 수도 있잖아?"

영재가 다시 날카롭게 질문했지만 마리는 당황하지 않고 차분하게 대답했다.

"잎의 생김새도 특이해요. 잎은 녹색의 넓은 잎몸과 줄기가 맞닿는 아래쪽의 잎자루, 잎자루 옆에 난 턱잎으로 이루어져 있어요. 그리고 하나의 잎자루에 한 장의 잎만 붙어 있으면 홑잎, 작은 잎이 여러 장 붙어 있는 것은 겹잎이라고 해요. 보통은 홑잎이거나 겹잎, 둘 중 하나죠. 하지만 대마는 줄기 밑부분은 잎자루가 길고 3~10장의 작은 잎으로 갈라진 손바닥 모양의 겹잎인데, 줄기 윗부분은 3장의 작은 잎으로 갈라지는 겹잎도 있지만 홑잎인 경우도 있어요. 그리고 잎자루가 짧죠. 또 잎의 뒷면에 잔털이 빽빽하게 있고, 가장자리에 톱니가 있어요. 그러니까 이건 대마가 분명해요."

영재는 마리의 식물에 대한 해박한 지식에 감탄했다. 마치 달곰이를 보는 듯했다.

"맞아. 대마에는 테트라히드로카나비놀(THC)을 주성분으로 하는 마취성 물질이 함유되어 있어서 환각을 일으키기도 하지. 그래서 우리나라에서는 재배가 금지되었어."

"그럼 가짜 향수뿐 아니라 대마를 재배해 판 게 아닐까요?"

마리의 말이 끝나자마자 영재는 번쩍 떠오르는 게 있었다. 방금 전 발견한 담배 상자!

"잠깐만!"

영재는 얼른 거실로 들어와 아까 찾은 담배 상자를 열었다. 그리고 담뱃갑을 뜯었다. 맞았다. 엉성하게 말아 놓은 종이를 풀어 보니 그 속에 들어 있는 것은 담뱃잎이 아니라 말려서 갈아 넣은 대마였다.

"담배는 왜?"

송 형사가 의아한 표정으로 물었다.

"대마 담배야."

그 순간 방수남이 벌떡 일어나더니 현관문으로 냅다 뛰었다. 송 형사와 영재가 잠시 방심한 틈을 노린 것이었다. 하지만 영재가 누군가! 어느새 눈치채고 슬쩍 다리를 뻗으니, 방수남은 발이 걸려 그대로 고꾸라지고 말았다. 송 형사도 번개같이 달려들어 방수남의 팔을 뒤로 꺾어 버렸다.

"으윽!"

결국 방수남은 자백했다. 인터넷 블로그를 통해 알게 된 외국 사이트에서 대마 씨앗을 구하고 재배법을 배웠다고 했다. 그리고 베란다 창고에 대마용 온실을 만들어 대마를 키우고 건조 박스에서 말린 후 담배로 위장해 판매까지 해 왔다는 것. 방수남은 가짜 향수를 유통한 죄뿐 아니라, 대마를 재배하고 판매한 죄까지 저지른 혐의로 체포되었다. 완전 놀라운 발견, 예상치 못한 수확이었다.

양귀비에도 마약 성분이 있다?

양귀비는 한해살이풀로, 잎이 어긋나고 긴 타원형이지. 5월과 6월에 흰색과 홍색, 자색 빛의 꽃이 피고, 열매는 달걀 모양으로 열려. 예로부터 배탈이나 설사, 관절염 등에 비상약으로 쓰여 농가에서 조금씩 재배하기도 했지만, 양귀비에 함유된 마약 성분 때문에 최근에는 재배가 금지되어 있어. 하지만 양귀비와 비슷하게 생긴 개양귀비는 마약 성분이 없기 때문에 재배할 수 있지. 개양귀비는 꽃과 잎, 줄기 등 전체에 잔털이 나 있는 반면에 양귀비는 털이 없이 매끈해.

경찰서에 돌아온 영재는 요리에게 전화를 걸었다.

"통과야."

"벌써?"

요리가 경찰서로 한걸음에 달려왔다. 마리는 아직 테스트 중인 줄 알고 여기저기 열심히 다니며 심부름하고 있었다. 요리가 마리를 불렀다. 그리고 마리의 어깨를 두드려 주며 말했다.

"한마리! 잘했어. 통과야."

마리가 놀라 다시 물었다.

"통과요? 정말요?"

"그래. 내일 아침에 형사 학교로 나와. 알았지?"

다음 날 공 교장과 어 형사는 요리와 영재에게 마리의 활약을 전해 들었다. 공 교장이 말했다.

"너희들이 추천했으니 난 오케이!"

"그래. 어련히 알아서 했겠어. 통과!"

어 형사도 기분 좋게 동의했다.

"감사합니다. 열심히 하겠습니다!"

마리가 벌떡 일어나 인사했다. 생물형사 한마리. 드디어 CSI 3기 첫 번째 형사가 되었다.

 ## 마리가 들려주는 사건 해결의 열쇠

우연히 받게 된 CSI 3기 테스트. 갑작스레 따라 나가게 된 범인 검거 현장에서 또 다른 범행 사실을 알아낼 수 있었던 것은 식물의 잎에 대해서 잘 알았기 때문이야.

💡 잎의 생김새

잎은 잎몸과 잎자루, 턱잎으로 이루어져 있어. 잎몸은 우리가 흔히 잎이라고 하는 녹색의 넓은 부분을 말해. 잎자루는 잎과 줄기가 만나는 잎사귀 아래쪽 끝을, 턱잎은 잎자루 옆에 난 자그마한 잎을 말하지. 그리고 이 세 가지를 다 가지고 있는 잎을 '갖춘잎'이라고 하고, 이중 하나라도 없으면 '안갖춘잎'이라고 해.

〈잎의 구조〉

또 잎이 작게 갈라져 있지 않고 하나로 되어 있는 잎을 '홑잎'이라고 하고 두 장 이상의 작은 잎으로 이루어진 잎을 '겹잎'이라고 해. 단풍나무, 감나무, 개나리 등은 홑잎이고 장미, 아까시나무, 등나무 등은 겹잎이야.

또 잎에는 물과 양분을 전달해 주는 잎맥이 있는데 잎의 뒷면에서 더 뚜렷하게 볼 수 있지. 잎의 뒷면에는 기공도 있는데 식물이 쓰고 남은 물을 배출하는 구멍이야.

💡 잎차례는 식물의 특징

잎차례란 잎이 줄기에 붙어 있는 모양을 말해. 줄기에 잎이 두 장씩 마주 보며 나 있는 경우를 '마주나기'라고 하는데 개나리, 패랭이꽃 등이 여기에 속해. 하나의 마디에 한 장의 잎이 번갈아 붙어 있는 건 '어긋나기'라고 해. 참나리, 강아지풀, 해바라기 등이지. 하나의 마디에 세 장 이상의 잎이 붙어 있는 경우는 '돌려나기'라고 하는데 잔대, 쇠뜨기, 돌나물이 그 예지. 또 여러 장의 잎이 줄기의 한 부분에 뭉쳐나는 건 '무리지어나기'라고 하는데 소나무, 은행나무 등이 있어.

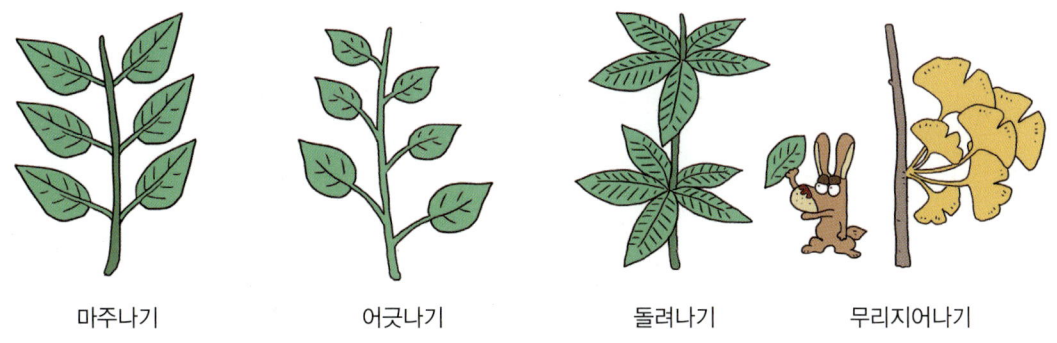

마주나기　　　어긋나기　　　돌려나기　　　무리지어나기

〈잎차례의 종류〉

이런 잎차례는 종류별로 일정한 특징이 있고 외부의 조건에 의해서는 쉽게 변하지 않아. 또 보통 식물들은 뚜렷한 규칙에 따라 잎이 배열되어 있고, 완전히 불규칙하게 배열된 식물은 거의 알려져 있지 않지. 그래서 각 식물의 고유한 특징을 설명할 때 잎차례의 특징도 빼놓지 않는 거야.

💡 대마란?

그런데 식물 중에는 마주나기잎이나 어긋나기잎, 돌려나기잎이 함께 나타나는 경우도 있어. 대마가 바로 그런 경우지.

대마는 뽕나뭇과의 한해살이 식물로 '삼'이라고도 해. 줄기는 섬유의 원료로 쓰이는데, 여름에 많이 사용하는 삼베가 바로 대마로 만든 것이지.

대마는 잎차례와 잎의 생김새가 특이해. 줄기 밑부분에 달린 잎은 마주나고 잎자루가 길며 3~10장의 작은 잎으로 갈라진 손바닥 모양의 겹잎이야. 그런데 윗부분에 달린 잎은 어긋나고 잎자루가 짧으며 3장의 작은 잎으로 갈라지는 겹잎이거나 잎이 한 장만 있는 홑잎이야. 또 뒷면에는 잔털이 빽빽하게 있고 가장자리에 톱니가 있어. 꽃은 7~8월에 연한 녹색으로 피지.

〈대마〉

💡 대마의 쓰임새

대마에는 '테트라히드로카나비놀(THC)'이라는 마취성 물질이 들어 있어. 이 물질은 도파민이라는 뇌 신경 전달 물질의 수치를 증가시키는데, 이것이 정신 분열과 환각 증세를 일으키지.

대마는 THC의 함량에 따라 마약용과 산업용으로 구분되어 있어. 마약용은 THC 함량이 0.5% 이상인 대마로 재배가 엄격히 금지되어 있어. 산업용 대마는 THC 함량이 0.5% 미만으로 유럽과 러시아, 캐나다 등지에서 재배되고 있는데, 대마 껍질 안쪽에 있는 섬유를 실로 뽑아 삼베를 짜거나 로프, 그물, 모기장, 천막 등의 원료로 쓰지.

그러니까 생각해 봐. 가짜 향수를 찾다가 발견한 베란다 창고 온실. 거기서 기르는 식물을 자세히 본 결과, 잎차례와 잎의 생김새로 대마인 걸 알아낸 거지. 결국 범인이 가짜 향수뿐 아니라, 대마를 직접 재배해 대마 담배를 만들어 팔았다는 것을 밝혀낸 거야.

핵심 과학 원리 | 콜로이드

가려진 진실을 벗겨라!

예상치 못한 말에 태양이는 당황했다.
차 안에서 울고 있던 별이도 놀란 표정으로 차원이를 쳐다봤다.
차원이는 말을 이었다.
"누나랑 형, CSI잖아요. 한 번 CSI는 영원한 CSI잖아요."

공항에서 생긴 일

오늘은 철민이가 일본으로 돌아가는 날이다. 태양이와 별이가 철민이를 배웅하러 공항에 나왔다. 운동이는 군인이라, 경찰대학에 다니는 수리와 화산이는 경찰서로 현장 실습을 나가느라, 남우는 할아버지 생신, 또 대학에서 화학을 전공하는 원소는 과학수사연구소 강 박사 밑에서 아르바이트하느라 못 나왔다.

"우리 둘만 나와서 서운하니?"

별이가 묻자, 철민이는 주위를 둘러보며 대답했다.

"에이, 무슨 소리! 떠오르는 스타, 강별 님이 나오셨는데."

그도 그럴 것이 강별이 나타나자마자 사람들이 수군거리기 시작했다.

"쟤 강별 아니야?"

"맞네. 강별이네. 예쁘다."

철민이 말대로 별이가 떠오르는 스타이긴 한가 보다. 그런데 그때 별이가 갑자기 심각한 표정으로 물었다.

"가만, 철민이 너 혹시 도망가는 거 아냐? CSI 찾는 거 안 하려고."

"무슨 소리! 너무 걱정 마. 내가 일본에 가서 엄청난 애를 한 명 보낼 테니까."

"정말? 생각해 놓은 애가 있어?"

"응. 천재 아니면 문제아, 둘 중 하나일 거야."

"뭐야? 그럼 이상한 애 아니야?"

"아니야. 내 감각 몰라?"

그러더니 시계를 보며 황급히 말했다.

"어, 벌써 한 시네! 나 들어가야겠다."

역시 어수선한 철민이다. 그렇게 철민이가 탑승구로 들어가고 나자 태양이와 별이 사이에는 살짝 어색한 분위기가 흘렀다. 사실 5년 전, 태양이는 별이에 대한 마음을 정리하겠다고 굳게 결심했었다. 하지만 안 볼 수 있는 사이도 아니고 시도 때도 없이 만나고 통화하다 보니 그게 쉽지 않았다. 그래서 그런지 태양이는 별이와 단둘이 있는 순간이 참 어색했다. 괜히 자신의 마음을 들킬 것 같아서였다.

"혹시 강별 누나 아니세요?"

카랑카랑한 목소리. 돌아보니, 초등학교 3학년이나 4학년쯤 되어 보이는 남자아이가 빤히 쳐다보고 있었다. 동그란 안경 뒤에서 반짝이는 눈, 통통한 볼, 귀엽게 생긴 아이였다. 아이는 대답을 듣기도 전에 다시 물었다.

"맞죠? 강별 누나 맞죠? 저 완전 팬이에요. 사인 좀 해 주세요."

그러면서 재빨리 가방에서 펜과 노트를 꺼내 내밀었다. 보아 하니, 부유한 가정 환경에서 곱게 자란 도련님 스타일이었고 외국에서 막 귀국한 차림새였다. 별이는 노트와 펜을 받아 들고 물었다.

"이름이 뭐니?"

"고차원이요."

"고차원? 하하하. 이름이 아주 멋지네."

"그런데 별명은 저차원이에요. 물론 저의 고차원적인 사고를 이해하지 못하는 진짜 저차원인 아이들이 부르는 별명이지만요."

> **진짜 사인과 가짜 사인을 구별할 수 있을까?**
>
> 당연히 가능하지. 사람마다 글씨를 쓸 때 일정한 버릇이 있어. 이전에 쓴 글자들과 글자의 크기, 글자가 기울어진 각도, 세게 눌러 쓴 정도 등을 비교해 보면 같은 사람이 쓴 글씨인지 아닌지 알 수 있어. 이를 '문서 감정'이라고 해. 범인이 보낸 협박 편지나 자살한 사람이 남긴 유서, 가짜 계약서 등을 감정할 때 유용하지.

어깨까지 으쓱하며 별거 아니라는 듯 대답하는 아이. 잘난 척하는데도 참 엉뚱하고 귀여웠다.

"하하하."

태양이와 별이는 웃음을 터뜨렸다. 그때였다. 별이의 휴대전화가 울렸다. 매니저에게서 온 전화였다. 그런데 전화를 받은 별이의 얼굴이 점점 새하얘졌다.

"네? 소미 언니가요? 알았어요."

소미 언니라면 태양이도 잘 안다. 별이와 같은 소속사 영화배우였다. 태양이가 이상해 물었다.

"무슨 일이야?"

그런데 별이는 대답은 안 하고, 들고 있던 노트를 차원이에게 돌려주며 허둥지둥 말했다.

"미, 미안. 사인은 다음에 해 줄게. 태양아, 나 먼저 갈게."

별이답지 않은 행동이 이상하다고 생각한 태양이는 얼른 별이의 팔을 붙잡았다.

"잠깐. 어디 가는데? 같이 가. 내가 데려다 줄게."

그러자 별이는 눈물이 가득 고인 눈으로 울먹였다.

"어떡해. 소미 언니가 죽었대."

"뭐? 왜? 아, 아니다. 가자. 내가 같이 갈게."

별이는 고개를 끄덕였다. 태양이는 얼른 별이의 손목을 잡고 뛰기 시작했다. 갑작스런 상황에 어리둥절한 고차원. 하지만 별이 주변에 뭔가 큰일이 벌어진 게 분명했다.

"누나!"

차원이도 별이를 부르며 두 사람의 뒤를 따라 뛰기 시작했다. 그때 뒤에서 부르는 소리가 들렸다.

"차원아! 고차원!"

엄마였다. 차원이는 할 수 없이 섰다. 엄마가 헐떡이며 물었다.

"헉, 헉. 어디 가는 거야? 엄마 여기 있는데."

하지만 차원이는 별이를 놓칠까 불안하기만 했다. 여행 가방을 엄마한테 맡기고는 쏜살같이 뛰어가며 말했다.

"급해요. 일단 갔다 와서 말씀드릴게요."

 별이의 슬픔

　별이와 태양이가 소미의 아파트에 도착했을 때는 이미 구급차와 경찰차가 와 있었고, 사람들도 모여 있었다. 별이가 도착했다는 전화를 받고 별이와 한소미의 매니저, 이현우가 태양이의 차로 왔다.
　"소미한테 오전 내내 전화했는데 안 받더라고. 그래서 집에 와 봤는데……. 흑흑흑."
　이현우는 직접 목격한 장면이 생각나는 듯 울음을 터뜨렸다. 초인종을 눌러도 인기척이 없어 문을 열고 들어갔는데, 한소미가 거실 장식장 앞에 피를 흘리고 쓰러져 있었다는 것. 곧바로 경찰에 신고하고 소속사와 별이에게도 슬픈 소식을 전했다고 했다. 이현우의 말을 다 듣고 나자 별이는 다급하게 차 문을 열며 말했다.
　"가 봐야겠어요."
　"안 돼. 사람들이 얼마나 많은데."
　이현우가 얼른 말렸다. 태양이도 별이를 붙잡았다.
　"그래. 아직 시신 수습 중이라니까 조금만 더 기다려 보자."
　별이는 흐느껴 울기 시작했다. 왜 안 그러겠는가. 처음 소속사에 들어가 모든 게 낯설었을 때 먼저 다가와 가르쳐 주고, 함께해 주었던 언니가 바로 한소미였다. 최근엔 친자매처럼 지내던 사이였는데……. 슬퍼하는 별이를 보니 태양이도 마음이 아팠다.

잠시 후 사건 현장에서 시신이 실려 나왔다. 별이는 더 이상 못 참고 차 문을 열고 뛰어나갔다. 하지만 시신을 실은 구급차는 벌써 달리기 시작했다. 별이가 구급차를 따라가며 울었다.

"언니! 소미 언니! 흑흑흑."

태양이와 이현우는 얼른 별이를 차로 데려왔다. 주위 사람들이 웅성거리기 시작했다.

"강별 아냐? 여기 살던 여자가 영화배우라더니, 맞나 봐."

"왜, 그, 작년에 히트 쳤던 영화 〈마스크맨〉에도 나왔었잖아."

태양이가 별이를 차에 태우고 자신도 막 차에 타려고 할 때였다.

"누나!"

돌아보니, 이게 누군가! 고차원이었다. 태양이는 깜짝 놀라 물었다.

"공항에서 여기까지 따라온 거야?"

기가 막혔다. 엉뚱하고 재미있는 아이라 생각하긴 했지만 사인을 받겠다고 여기까지 따라올 줄이야! 태양이는 말했다.

"미안해. 지금은 별이가 사인해 줄 상황이 아니라서."

그런데 차원이는 손까지 내저으며 말했다.

"그래서 온 거 아니에요. 걱정이 되서……."

차원이의 진심이 느껴졌다. 태양이도 진심으로 말했다.

"그래. 고마워. 내가 전해 줄게."

그러고는 차에 타려고 하는데, 차원이가 다급하게 소리쳤다.

"누나랑 형이 범인 잡으면 되잖아요!"

예상치 못한 말에 태양이는 당황했다. 차 안에서 울고 있던 별이도 놀란 표정으로 차원이를 쳐다봤다. 차원이는 말을 이었다.

"누나랑 형, CSI잖아요. 한 번 CSI는 영원한 CSI잖아요."

그러더니 얼른 종이에 뭔가를 써서 태양이의 손에 쥐어 주며 말했다.

"도움이 필요하면 저한테 연락하세요."

종이에는 휴대전화 번호가 적혀 있었다. 차원이는 진지한 표정으로 말했다.

"저도 과학 잘해요. 정말이에요."

"그래. 고맙다. 도움이 필요하면 전화할게."

가려진 진실을 벗겨라! 59

태양이는 차에 탔다. 그런데 웃음이 났다. 저 녀석, 어디서 저런 자신감이 나오는지.

태양이는 별이를 집에 데려다 주었다. 한소미의 시신은 부검을 위해 곧바로 과학수사연구소로 옮겨졌고 현장에서는 수사가 진행 중이다. 내일이나 돼야 범인의 윤곽이 드러날 것이다.

"내가 필요하면 전화해. 알았지?"

태양이의 말에 별이는 힘없이 고개를 끄덕이며 집으로 들어갔다. 태양이는 슬퍼할 별이를 생각하니 발길이 떨어지지 않았다. 주변을 한참 동안이나 서성이다 집으로 돌아왔다.

돌아오자마자 인터넷을 보니, 한소미 살인 사건이 속보로 떠 있었다. 어쩌다 이런 일이 벌어졌는지. 형사 학교를 졸업하고 곧바로 영재학교에 진학한 태양이는 2년 만에 조기 졸업을 하고, 최고대학의 자율전공학부에 다니고 있다. 내년에는 로스쿨에 입학할 예정이다. 그러니 사건에 대한 얘기는 경찰대학에 다니는 아이들에게 가끔 듣는 정도였다. 말 그대로 남의 얘기 같았다. CSI로 활동하며 수많은 사건들을 수사했던 일이 마치 꿈처럼 느껴질 정도였다.

그런데 갑작스럽게 벌어진 사건 때문인지, 아니면 낮에 차원이가 한 얘기 때문인지는 몰라도 갑자기 CSI 때의 일들이 파노라마 사진처럼 떠올랐다.

'그땐 참 열심이었는데.'

태양이는 그 시절이 왠지 그립게 느껴졌다. 그렇게 밤이 깊어 가고, 태양이는 혹시 별이가 전화를 할까 싶어 휴대전화를 옆에 두고 잤다.

다음 날 아침. 아무 연락이 없는 별이가 걱정되어 전화를 해 볼까, 말까 고민하고 있는데 마침 전화벨이 울렸다. 태양이는 얼른 전화를 받았다. 별이가 다짜고짜 말했다.

"그 애 얘기가 맞아. 내가 범인을 잡아야겠어."

"그 애? 누구 말이야?"

"차원이가 한 얘길 밤새 생각해 봤는데, 이렇게 울고만 있을 일이 아니야. 소미 언니 죽인 범인, 내가 꼭 잡을 거야."

태양이는 별이를 말리려고 했다.

"네가 좀 도와줘, 태양아."

그러나 별이의 간절한 목소리에 태양이는 할 수 없이 대답했다.

"그래. 일단 어 형사님께 여쭤 보자."

 범인이 밝혀지다

그날 오후 태양이와 별이 그리고 어 형사는 한소미 사건을 맡은 서진 경찰서로 갔다. 수사를 맡은 최 반장은 어 형사를 알아보고 얼른 와서 인사했다.

"오셨습니까? 브리핑 준비해 놓았습니다."

매니저 이현우도 와 있었다. 시신을 최초 발견해 신고한 사람으로 조사를 마친 참이었다. 모두 회의실로 자리를 옮겨 지금까지의 수사 상황에 대해 보고를 받았다.

"이름 한소미. 나이 23세. 직업 영화배우. 1월 18일 오전 11시 35분쯤 거실에 피를 흘리고 쓰러져 있는 것을 매니저 이현우 씨가 발견해 신고했습니다. 수사 결과, 범인과 몸싸움을 하다 넘어지면서 장식장 모서리에 머리를 부딪쳐 그 자리에서 숨진 것으로 추정됩니다. 사망 추정 시간은 전날인 17일 밤 11시에서 12시 사이입니다."

"목격자는 없었나요?"

어 형사가 물었다.

"17일 밤 11시 5분쯤 앞집 사는 사람이 싸우는 소리를 듣긴 했는데, 금방 조용해졌다고 합니다."

"그렇다면 그때 사건이 일어났을 확률이 높네요."

"네. 그렇게 보고 있습니다. 부검 결과, 팔과 다리 쪽에 몸싸움한 흔적이 있고, 두개골 골절로 사망했습니다. 현관문에는 지문이 다 지워져 있었고, 집 내부에서는 피해자의 지문만 나왔습니다. 범인이 범행을 저지른 뒤에 지우고 간 것으로 추정됩니다."

"혹시 의심 가는 용의자는 없나요?"

태양이의 질문에 최 반장은 자신 있게 CCTV 데이터를 보여 주며 말했다.

"있습니다. 17일 밤 10시 58분에 아파트 현관 CCTV에 찍힌 이 남자입니다."

화면 속에는 한 남자가 모자를 눌러쓰고 현관으로 들어가는 옆모습이 찍혀 있었다. 최 반장은 데이터를 돌리며 말했다.

"그리고 다시 11시 45분쯤 나오는 화면입니다."

앞의 화면에서 본 남자가 황급히 나가는 모습이었다. 그런데 화면을 보던 별이가 깜짝 놀라며 말했다.

"어, 저 사람은!"

이현우도 알아본 듯 놀라서 물었다.

"저, 저 사람이 범인이에요?"

최 반장이 말했다.

"이름은 나기성. 나이는 34세. 직업은 영화감독. 아시는 분이죠?"

"네. 소미가 작년에 출연했던 영화의 감독이었어요."

이현우의 대답에 최 반장은 다시 물었다.

"감독과 배우 사이. 단순히 그런 관계이기만 했나요?"

태양이는 놀랐다. 나기성이라면 젊은 감독들 중에서 꽤 이름이 알려진 사람이다. 지난해 〈마스크맨〉이라는 영화로 신인감독상까지 받았는데, 그 사람이 범인이라니! 게다가 자신의 영화에 조연으로 출연했던 여배우를 죽였다? 그리고 최 반장의 말투로 보면 감독과 배우 사이 말고도 또 다른 관계가 있다는 얘긴데…….

"둘은 연인 사이였어요."

별이의 대답에 태양이뿐 아니라 어 형사도 깜짝 놀랐다. 유명 감독이 애인인 유명 영화배우를 살해한 사건이라니!

"맞다! 얼마 전에 소미 언니가 울면서 나 감독님이 헤어지자고 했다고 말했어요."

별이가 얼마 전 일을 말하자 이현우도 입을 열었다.

"사실 그러고 나서 다음 날 신문에 나 감독이 영화배우 장지애와 사귄다는 기사가 떴었어요. 그걸 보고 소미가 많이 울었어요."

최 반장이 휴대전화 통화 기록을 조사한 서류를 보이며 말했다.

"사건 당일 오후 5시 30분쯤 한소미와 마지막으로 통화한 사람도 바로 나기성입니다."

"남자가 헤어지자고 했다. 여자는 매달렸다. 그래서 여자를 죽였다? 그런 극단적인 상황은 이해가 좀 안 되는데요."

어 형사가 의견을 말했다.

"맞아요. 나 감독이 바람기는 좀 있어도 그 정도로 나쁜 사람은 아니에요."

이현우의 말에 태양이도 자신의 의견을 말했다.

"헤어지는 과정에서 다투다 우발적으로 벌어진 사고가 아닐까요?"

일리 있는 말이다. 하지만 별이는 발끈하며 말했다.

"그럼 곧바로 경찰에 신고를 했어야지. 도망갔다는 건 충분히 고의성이 있었다는 뜻이야."

역시 맞는 말이다. 어 형사가 물었다.

"용의자의 신원은 확보했습니까?"

최 반장이 난처한 표정으로 대답했다.

"휴대전화가 사건 당일 저녁 8시 55분, 강수동 사거리에서 마지막으로 신호를 받은 다음부터 꺼져 있습니다. 집에도 없고요."

"벌써 도망간 거 아닐까요?"

별이가 놀라며 묻자 어 형사가 말했다.

"전국에 수배령 내리고, 해외로 도피할 수도 있으니 공항이나 항구에도 연락 취해 주세요."

"이렇게 기다리고만 있을 순 없어요. 현장에 다시 가 볼래요."

별이는 벌떡 일어나며 말했다. 어 형사와 태양이도 따라나섰다. 그런데 막 경찰서 문을 나서는데, 한 남자가 황급히 뛰어 들어왔다. 지나쳐 가던 별이는 깜짝 놀라 뒤를 돌아봤다.

"나 감독님이야!"

맞다. CCTV 데이터에서 본 얼굴이었다.

"뭐야, 제 발로 자수하러 온 거야?"

어 형사는 황당한 표정으로 중얼거렸다.

 이상한 범인

황급히 따라 들어가 보니, 나기성은 한소미 사건을 맡은 형사를 찾고 있었다. 최 반장도 나기성을 보더니 깜짝 놀랐다.

"아니, 당신은!"

나기성은 다급하게 물었다.

"소미가 살해당했다니, 그게 정말입니까?"

용의자가 이런 질문을 하다니! 자신이 CCTV에 찍힌 걸 모르고 일부러 아닌 척하려는 게 아닌지 의심이 갔다. 어 형사가 물었다.

"사건 당일에 뭐 하셨죠?"

그제야 상황을 판단한 나 감독은 기분 나쁜 표정으로 되물었다.

"혹시 저를 의심하시는 겁니까?"

최 반장이 대답했다.

"한소미 씨와 마지막으로 통화한 사람이 바로 당신이더군요."

나기성은 곧바로 시인했다.

"마지막인지는 몰라도 저랑 통화한 건 맞습니다. 그리고 만나기도 했어요. 7시쯤 만나 같이 밥 먹고 8시 40분쯤 헤어졌어요."

"그 후 피해자의 집에는 가지 않았다는 건가요?"

"그럼요. 당연하죠."

"이상하네요. 사건 발생 추정 시간에 당신이 피해자의 집에 왔다 가는 모습이 아파트 현관 CCTV에 찍혔습니다."

"뭐라고요? 내가 소미네 집에 갔었다고요? 말도 안 돼요. 난 소미랑 헤어진 뒤에 곧바로 경기도에 있는 제 작업실로 내려갔습니다. 정말이에요."

"증인 있나요?"

"증인은……. 외진 곳인 데다 밤중이라 저를 본 사람이 있었는지는 모르겠습니다. 아! 오늘 오전에 제가 작업실에서 나오는 건 옆집 아주머니가 봤습니다."

"그것 가지고는 알리바이가 안 됩니다. 사건 발생 추정 시간의 알리바이가 필요합니다."

태양이가 말하자, 어 형사가 물었다.

"그런데 전화기는 왜 꺼 놓으셨죠?"

"꺼 놓은 게 아니라 배터리가 없어서 저절로 꺼진 거예요."

"그럼 피해자가 살해당한 건 어떻게 아셨죠?"

이번엔 최 반장이 물었다.

"서울로 올라오다 들른 편의점에서 신문에 난 걸 봤어요. 그래서 급히 달려온 겁니다."

그러자 이제껏 듣고만 있던 별이가 울며 말했다.

"거짓말하지 마세요. CCTV에 분명히 찍혀 있다고요! 흑흑흑."

"아니야. 내가 왜 소미를 죽여? 난 정말 안 죽였어."

나 감독이 강하게 부인하자, 별이는 더 서럽게 울며 말했다.

"언니한테 헤어지자고 했다면서요. 흑흑. 언니가 감독님을 얼마나 사랑했는데. 흑흑흑."

"아니라니까. 허 참, 기가 막혀서. 내가 찍혔다는 CCTV 화면 좀 봅시다. 얼마나 닮았길래 다들 나라고 그러는지."

최 반장은 나기성에게 CCTV 데이터를 보여 주었다. 다시 봐도 역시 나기성이었다. 쌍둥이가 아닌 이상 분명했다. 나기성은 깜짝 놀라면서도 자신이 아니라고 우겼다.

"이, 이럴 수가! 하지만 난 아니에요. 난 저런 야구 모자 같은 거 안 써요. 저런 모자는 있지도 않다고요. 저 옷도 처음 보는 거고, 정말 나 아니에요. 제발 믿어 주세요."

"위장하려고 일부러 꾸민 것일 수도 있으니 증거가 안 됩니다."

최 반장이 말했다. 그러자 나 감독은 거의 울부짖듯 소리쳤다.

"아니에요. 내가 왜 위장을 해요. 정말 나 아니에요."

하지만 명확한 증거가 있으니 발뺌하려 해도 소용이 없는 일. 어 형사가 말했다.

"범인에 대한 다른 증거가 나오거나 당신의 알리바이가 확실히 증명되어야 혐의를 벗을 수 있습니다. 다시 한 번 생각해 보세요. 알리바이를 증명해 줄 사람이 정말 없습니까?"

나 감독은 잠시 생각하더니, 풀 죽은 목소리로 말했다.

"식당에서 소미랑 같이 있는 것을 본 사람들이 있고 밖에 나왔을 때 주차 요원이 봤고, 또……."

태양이가 물었다.

"고속도로 요금소를 지난 시간은 몇 시였죠?"

"국도로 갔기 때문에 요금소는 지나지 않았어."

그렇다면 그것 역시 증거가 되지 못하는 상황. 최 반장은 나기성을 일으키며 말했다.

"나기성. 당신을 한소미 살해 용의자로 체포합니다."

"난 아니야. 난 아니라고!"

나 감독은 억울한 듯 울부짖었지만 소용없는 일이었다.

 **수상한 증거**

별이는 끝까지 범인이 아니라고 발뺌하는 나기성의 태도에 화가 났다. 한때 서로 사랑했던 사이가 아닌가. 고의였든 우발적이었든, 아니면 피치 못할 사고였든 증거까지 나왔는데 이쯤 되면 솔직히 자백하는 게 사람의 도리다. 그래서 별이는 나기성이 범인이라는 좀 더 확실한 증거를 찾기로 했다.

태양이는 별이와는 또 다른 이유로 좀 더 조사를 해야겠다고 생각했다. 아무리 간 큰 사람일지라도 진짜 범인이라면 어떻게 스스로 경찰서에 와 사건에 대해 물을 수 있을까 하는 의문이 들었기 때문이다. 또 아까 경찰서로 들어서는 나기성의 얼굴은 상당히 충격을 받은 듯 넋이 나가 보였다. 태양이가 자신의 생각을 말했다.

"사망 추정 시간에 한소미 집에 간 것은 확실하지만 그것밖에는 증거가 없잖아. 집 안에서 지문도 발견되지 않았고. 또 생각해 보면 아파트 현관에 CCTV가 있다는 건 많이들 알지 않아? 그런데 아무리 당황해도 그렇지 얼굴도 안 가리고 버젓이 찍히게 둔 것도 이상해."

어 형사가 의견을 말했다.

"나기성은 CCTV가 있다는 사실을 몰랐던 것 같은데."

"그리고 아까 다시 보니까 CCTV에 찍힌 사람의 체격이 용의자와는 좀 다른 것 같았어요. 키도 좀 더 큰 것 같고, 더 말라 보이던데요."

태양이가 덧붙였다.

사실 말은 안 했지만 별이도 화면을 보면서 그런 생각을 했다. 그건 어 형사도 마찬가지였다. 그렇다면 혹시 다른 사람일 수도 있다는 말인가. 하지만 얼굴은 분명히 나기성이었다.

"좋아. 일단 증거를 좀 더 찾아보자."

어 형사와 별, 태양이는 먼저 피해자와 용의자가 갔었다는 식당으로 향했다. 식당 주인과 종업원들에게 상황을 물으니, 모두 둘 사이가 심상치 않았다고 했다. 실제로 다투는 소리가 옆에까지 들렸다는 것이다. 주차 요원은 둘이 따로따로 자기 차를 타고 왔다가 갔다고 증언했다. 그 외에 별다른 증언은 듣지 못했다.

셋은 다시 사건 현장인 한소미의 집으로 향했다. 아파트 현관에 설치된 CCTV는 꽤 눈에 잘 띄는 곳에 있었다.

"CCTV 화질이 별로 좋지 않은 데다 위에서 찍은 화면이라 실제와 체격이 좀 다르게 찍혔을 수도 있겠어."

어 형사가 의견을 말했다. 그런데 바로 그때였다.

"별이 누나!"

누군가 부르는 소리에 돌아보니, 차원이가 웃으며 서 있었다. 태양이가 놀라 물었다.

"너 여긴 또 웬일이야?"

"어떻게 됐나 궁금해서요. 인터넷에 보니까 범인이 잡혔다고 하던데. 정말 그 사람이 범인이에요?"

어 형사가 호기심에 찬 표정으로 물었다.

"얘는 누구야?"

차원이는 꾸벅 절을 하며 자신을 소개했다.

"안녕하세요? 제 이름은 고차원이고요, 별이 누나 팬이에요."

"그래. 너 아주 귀엽고 똘똘하게 생겼구나."

어 형사의 말에 차원이는 다시 인사하며 말했다.

"헤헤, 감사합니다. 그런데 범인이 직접 경찰서에 찾아왔다는 게 정말이에요?"

"그래. 그건 왜 물어보니?"

"제가 생각해 봤는데 좀 이상한 거 같아서요. 자수하러 온 것도 아니고, 경찰서는 왜 제 발로 온 거래요? 혹시 범인이 아닌 척 위장하려고 왔다가 딱 걸린 건가요?"

어 형사는 웃음을 터뜨렸다.

"뭐가 그렇게 궁금한 게 많아. 하하하."

이제껏 옆에서 보고 있던 별이가 말했다.

"차원아, 미안하지만 우리는 지금 수사 중이거든. 그러니까 그만 돌아가 줄래?"

그러자 차원이는 화들짝 반가운 기색이었다.

"누나랑 형도 저처럼 그 사람이 범인이 아닐지도 모른다고 생각하는 거군요. 그리고 누나랑 형이 직접 수사하라고 했던 제 의견을 받아들이신 거네요? 그럼 저도 수사에 끼워 주세요."

역시 고차원이다. 어 형사도 황당하다는 듯 말했다.

"고 녀석 참 맹랑하네. 하하하."

그런데 순간 어 형사 머릿속에 번쩍 스쳐 지나가는 생각이 있었다.

"고차원이라고 했지? 좋아. 따라 들어와 봐."

순간 태양이와 별이는 어 형사의 마음을 읽었다. 예상치 못한 사건 때문에 깜빡 잊었던 임무가 생각난 것이다. 바로 CSI 형사 찾기. 지금 어 형사는 차원이에게 CSI가 될 자격이 있는지 테스트해 보려고 하는 것이다. 결국 차원이는 바람대로 수사에 참여하게 되었다.

 ## 예상치 못한 반전

현관문을 열고 들어가니 현관에는 피해자의 신발들이 어지럽게 널려 있었다. 그리고 거실 바닥에는 피가 그대로 말라붙어 있어 사건 당시의 처참함을 말해 주었다.

그런데 들어가자마자 가방에서 장갑을 꺼내 끼는 고차원. 어디서 본 건 있어서……. 볼수록 재미있는 아이다.

태양이는 외부 침입 흔적을 찾아보기로 하고, 별이와 어 형사는 범인이 흘리고 간 증거물이 있는지 샅샅이 뒤지기 시작했다. 1층이라 외부에서 들어오기 쉬운 구조였다. 하지만 안팎으로 둘러봐도 외부에서 침입한 흔적은 찾을 수 없었다. 집 안에서도 별다른 증거물은 나오지 않았다. 혹시 머리카락이라도 떨어져 있지 않을까 기대했지만 짧은 남자 머리카락은 한 가닥도 없었다. 상황이 이러하니 나기성이 범인이라는 혐의를 뒤집을 수는 없을 듯했다.

"아무것도 없다. 그만 돌아가자."

어 형사가 말했다. 그런데 어 형사와 별이, 태양이가 먼저 나가고, 차원이가 뒤따라 나올 때였다.

"어어어, 어이쿠!"

차원이가 현관에 널려 있던 신발에 걸려 넘어진 것이다. 모두 놀라 돌아보니, 차원이는 창피한지 얼른 일어나 툴툴 털며 말했다.

"괜찮아요. 전 낙법을 배워서 넘어져도 안 다쳐요."

이런 순간에도 제 자랑만큼은 빼놓지 않는 고차원. 모두들 정말 못 말리는 아이라고 생각하고 있을 때 차원이가 현관 바닥에서 무언가를 집어 들었다.

"어, 이게 뭐지?"

찢어진 살구색 고무 조각이었다. 수술용 장갑과 재질이 비슷했는데, 색깔도 그렇고 어딘가 좀 달랐다. 그런데 차원이가 깜짝 놀라며 말했다.

"이거 라텍스 조각 아닌가요?"

"라텍스?"

별이가 묻자, 차원이는 안경을 한 번 매만지더니 말했다.

"네. 고무나무는 말레이 반도를 중심으로 재배되는데 고무나무 껍질에서는 끈적끈적한 우유 모양의 액체가 나오거든요. 그게 바로 천연 고무인 라텍스예요. 그런데 라텍스는 콜로이드 용액이에요."

이번엔 태양이가 물었다.

"콜로이드 용액?"

"네. 보통 분자나 이온보다 큰, 지름이 1~1000나노미터 정도인 입자가 기체나 액체 중에 흩어져 있는 것을 콜로이드라고 해요. 그리고 그중 액체에 흩어져 있는 것을 콜로이드 용액이라고 하죠. 우유나 비눗물도 콜로이드 용액이에요. 라텍스도 단백질 층에 싸인 천연고무의 입자가 물속에 떠 있는 상태의 콜로이드 용액이고요."

"그럼 우리가 쓰는 라텍스가 어떻게 만들어지는지도 아니?"
어 형사가 시험하듯 물었다.
"원심 분리법을 사용해 고무 성분의 함량을 농축시킨 다음 응고제를 넣어 고체 고무로 만들어 쓰는데, 이것 역시 라텍스라고 불러요. 천연고무로 만든 라텍스를 천연 라텍스라고 하고, 합성 고무로 만든 라텍스는 합성 라텍스라고 해요."

원심 분리법이란?

물체가 원운동을 하면 원의 중심에서 바깥쪽으로 나가려는 원심력이 생겨. 원심력의 크기는 입자의 질량에 따라 달라. 그래서 원심력을 이용하면 질량이 다른 입자들을 분리해 낼 수 있어. 이런 원리를 이용해 물질을 분리하는 것을 '원심 분리법'이라고 하지. 액체나 기체 중의 고체 입자를 분리하거나 서로 녹지 않는 비중이 다른 액체를 분리할 때도 사용해. 혈액 검사나 DNA 검사, 물질의 성분 검사를 할 때도 먼저 원심 분리법으로 물질을 분리한 다음에 검사하지.

"라텍스라면 매트리스로 많이 쓰는 거 아닌가?"
별이가 물었다.
"맞아요. 그 외에도 라텍스는 탄성이 뛰어나서 수술용 장갑이나 의료 용품 재료로도 많이 쓰여요. 특수 분장할 때도 가면 만드는 데 많이 쓰죠. 제 생각에 이건 라텍스로 만든 가면에서 떨어져 나온 조각 같아요."
순간, 태양이는 퍼뜩 떠오르는 게 있었다.
"혹시 범인이 나기성 감독의 얼굴을 본뜬 라텍스 가면을 쓰고 들어온 게 아닐까요?"

"맞아! 나 감독님 지난번 작품인 〈마스크맨〉 주인공이 바로 가면을 쓴 사람이었는데!"

별이의 말에 태양이가 의견을 말했다.

"자기 얼굴이 아니라 나 감독의 얼굴로 위장하고 있었기 때문에 CCTV에 찍히는 걸 신경 쓰지 않은 것 아닐까요? 아니, 나 감독에게 뒤집어씌우려고 범행을 저지른 것 아닐까요?"

그럴 수도 있다. 그렇다면 누가? 왜? 어 형사가 재빨리 말했다.

"범인은 나 감독과 잘 아는 사람일 거야. 나 감독의 얼굴과 똑같은 가면을 만들었다는 건 나 감독의 얼굴을 직접 본떴을 확률이 높으니까. 아니면 원한 관계일 수도 있고."

"또 나 감독님과 피해자가 연인 사이였던 걸 아는 사람이겠네요."

차원이도 끼어들었다. 충분히 가능성 있는 얘기다. 별이가 말했다.

"가면에서 찢겨 나온 조각 같은데, 그렇다면 여기에 지문이 남아 있지 않을까요?"

가려진 진실을 벗기다

곧바로 경찰서로 간 어 형사와 아이들. 먼저 라텍스 조각의 지문 감식을 의뢰한 후 나기성을 만나 상황을 이야기했다. 나기성은 깜짝 놀라며 말했다.

"가면이요? 그럼 혹시 그 사람이!"
"누군데요?"
별이가 재촉했다.
"〈마스크맨〉 제작할 때 주인공이 쓸 가면이 필요했거든. 그래서 특수 분장 감독한테 의뢰를 했었어. 처음 사무실에 갔을 때 내가 어떻게 만드는지 궁금하다고 하니까 분장 감독이 내 얼굴로 직접 라텍스 가면을 만들어 보여 줬어."
"그 사람 이름이 뭔데요?"
태양이가 물었다.
"양진만. 그러고 보니 그 사람, 소미한테 고백한 적이 있어."

영화 촬영 중 양진만은 한소미에게 한눈에 반해 촬영이 끝난 후에도 몇 번이나 만나자는 전화를 걸었단다. 하지만 나기성과 막 사귀기 시작한 한소미는 양진만에게 전혀 관심을 안 보였다는 것. 최 반장이 고개를 갸우뚱하며 말했다.

"그렇다고 죽여요? 나기성과 한소미가 사귀기 시작할 때면 작년 얘긴데, 이제 와서?"

어딘가 아귀가 잘 맞지 않는다. 하지만 일단 양진만에 대해 조사해 볼 필요는 있었다. 나기성이 양진만의 전화번호와 사무실 위치를 가르쳐 주었지만 전화기는 꺼져 있었다. 어 형사가 최 반장에게 말했다.

"사무실에 가 볼 테니까, 지문 감식 결과 나오면 전화 주세요. 아, 그리고 양진만 집 주소랑 고향집 주소도 좀 알아봐 주세요."

하지만 양진만의 사무실은 굳게 잠겨 있었다. 건물 경비원도 이틀 전 낮 이후로는 못 봤다고 했다.

"그냥 전국에 지명 수배령 내리면 안 돼요?"

차원이가 물었다. 어 형사는 피식 웃음이 나왔다.

"수배령은 아무 때나 내리는 게 아니야. 그 사람이 범인이라는 확실한 증거가 있어야지."

"그럼 가면 조각에서 그 사람 지문이 나오면 되겠네요. 그런데 왜 이렇게 오래 걸려요? 우리나라 지문 감식 수준은 최고라고 하던데."

차원이는 참 아는 것도 많고, 아는 척도 많이 한다.

마침 최 반장에게서 전화가 왔다.

"지문 감식 결과 나왔습니다. 양진만이에요."

그렇다면 양진만이 진짜 범인이라는 얘기! 도대체 그는 왜 나기성인 척 가면을 쓰고 한소미의 집에 갔을까? 그리고 한때 사랑했던 여자를 어쩌다 죽이게 됐을까?

"집 주소는 서울시 영달구 이지동이고 고향은 충청도 금영이에요."

"그럼 고향집으로 형사 보내 주세요. 이지동은 우리가 가 보죠."

어 형사와 아이들은 곧바로 양진만의 집으로 갔다. 분명히 불이 켜져 있었는데, 초인종을 누르자 불이 꺼지고 쥐 죽은 듯 조용해졌다. 태양이가 말했다.

"안에 있는 게 분명해요."

어 형사가 계속해서 초인종을 눌렀지만 대답이 없었다. 차원이가 답답하다는 듯 말했다.

"아이참, 독 안에 든 쥐인데 얼른 자수하지."

심각한 상황인데도 차원이의 말에 웃음이 새어 나왔다. 어 형사가 대문을 두드리며 소리쳤다.

"양진만 씨, 안에 있는 거 알아요. 빨리 나와요. 양진만 씨!"

잠시 후 드디어 불이 켜지더니, 현관문이 열렸다. 양진만은 이미 포기한 얼굴이었다.

"영화 끝나고 만나자고 했지만 거절당했어요. 나중에 알고 보니까 나 감독하고 사귀고 있더라고요. 그래서 그때는 포기했었어요. 그런데 얼마 전 기사에 나 감독이 영화배우 장지애랑 사귄다고 났더군요. 다시 기회가 왔다고 생각하고 소미에게 전화했죠."

그런데 단칼에 거절당했다는 것. 자존심이 많이 상해 속상했는데, 사무실을 청소하다 우연히 나 감독 얼굴로 만든 라텍스 가면을 찾았다고 했다.

"순간, '이걸 쓰고 나타나면 소미가 어떻게 할까' 하는 궁금증이 생겼어요."

양진만은 자신의 진심을 매몰차게 외면한 한소미를 골려 주고 싶은 마음이 생겼다고 털어놨다.

"하지만 죽일 생각은 전혀 없었어요. 그냥 한번 놀라게 해 주려던 건데……."

초인종을 누르자, 나 감독인 줄 안 한소미가 반기며 문을 열어 주었단다. 그런데 한소미는 금방 이상한 걸 눈치채고 깜짝 놀라 소리를 지르려고 했다는 것이다.

"제가 얼른 소미 입을 막았고, 몸부림치는 소미와 저 사이에 몸싸움이 벌어졌습니다. 결국 안 되겠다 싶어 얼른 가면을 벗으려고 목 부분부터 가면을 찢었는데!"

그 순간 한소미가 도망치려다 미끄러지면서 장식장 모서리에 머리를 세게 부딪혔다고 했다.

"그럼 그 자리에서 바로 신고를 했어야죠!"

최 반장이 소리쳤다.

"그러려고 했는데, 나 감독의 가면을 쓰고 있다는 생각이 나서……. 잘못했습니다. 흑흑흑."

가면을 쓴 양진만은 자신이 범인인 줄은 아무도 모를 거라고 생각했던 것이다. 그렇게 나기성은 누명을 벗었고 한소미 살인 사건의 범인은 양진만으로 밝혀졌다.

이번 사건을 해결한 일등공신은 누가 뭐래도 고차원이다. 어 형사가 차원이에게 물었다.

"고차원, 너 CSI 하고 싶은 생각 없니?"

차원이는 마치 그럴 줄 알았다는 듯 싱긋 웃으며 대답했다.

"사실 CSI, 엄청 하고 싶었거든요. 그런데 제가 미국에서 공부하고 있을 때 모집하는 바람에 지원을 못 했어요."

"잘할 자신 있어?"

태양이가 물었다.

"그럼요. 제 능력 보셨잖아요. 형이랑 누나보다 더 훌륭한 CSI가 될 자신 있어요."

고차원. 정말 자신감 하나는 최고인 아이다. 잘난 척이 심한 게 좀 걸리지만 실력은 충분히 있으니……. 화학형사 고차원. 앞으로 멋진 활약이 기대된다.

 ## 차원이가 들려주는 사건 해결의 열쇠

영화배우 한소미 살인 사건. CCTV에 찍힌 용의자가 가면을 쓰고 있었다는 사실을 알아낸 건 라텍스와 콜로이드에 대해 잘 알았기 때문이야.

💡 콜로이드란?

안개나 우유, 비눗물 등은 뿌옇게 보인다는 공통점이 있어. 그건 분자나 이온보다 크고, 지름이 1~1000nm(나노미터) 정도인 알갱이들이 기체나 액체 중에 흩어져 있기 때문이야. 이러한 상태를 콜로이드 상태라고 하고, 콜로이드 상태의 물질을 '콜로이드'라고 해.

불투명하게 보이는 연기나 안개, 비눗물, 녹말 용액, 우유 등은 다 콜로이드야. 자연계에는 콜로이드가 아주 많아. 특히 생물체를 구성하고 있는 물질은 대부분 콜로이드 상태로 존재하지.

〈콜로이드의 예〉

콜로이드는 매질의 상태와 그 속에 흩어져 있는 알갱이의 상태에 따라 여러 종류로 나뉘어져. 연기나 안개처럼 기체에 고체나 액체 알갱이가 흩어져 있는 것을 '에어로졸'이라고 해. 먹물이나 잉크처럼 액체에 고체 알갱이들이 흩어져 있는 것을 '졸', 우유나 크림처럼 액체에 다른 액체가 섞여 있는 것을 '에멀션'이라고 하지. 또 두부같이 졸을 반고체 상태로 만든 것을 '겔'이라고 해.

콜로이드의 가장 큰 특징은 바로 '틴들 현상'이야. 콜로이드 입자는 보통의 분자나 이온보다 크기 때문에 빛을 비추면 빛이 입자에 부딪쳐 흩어져. 그래서 빛의 통로가 밝게 보이는데, 이를 '틴들 현상'이라 하지. 우유를 묽게 하여 강한 빛을 쬐어 옆에서 보면 빛의 통로가 밝게 나타나는 걸 볼 수 있어. 반면에 설탕물 같은 보통의 용액은 빛이 그대로 통과하기 때문에 빛의 경로가 보이지 않지.

〈틴들 현상〉

 **라텍스란?**

 라텍스는 말레이 반도를 중심으로 재배되는 고무나무의 껍질에 흠을 냈을 때 나오는 끈적끈적한 우윳빛 액체를 말해. 이 액체는 단백질 층에 싸인 천연고무의 입자가 물속에 떠 있는 콜로이드 용액이지.

 콜로이드 상태의 라텍스에 응고되는 것을 막기 위해 암모니아를 조금 넣어. 그리고 원심 분리법을 이용해 고무 성분의 함유량을 60~70%까지 농축하지. 그다음에 응고제를 넣어 고무 가루를 응고, 분리, 건조시키면 바로 우리가 쓰는 고무를 얻을 수 있는데, 이것 역시 라텍스라고 불러.

 고무나무의 라텍스를 사용하는 천연 라텍스 외에도 인공적으로 만든 합성 라텍스도 있어. 합성고무의 매우 보드라운 알갱이들이 물속에 분산되도록 만든 것이지.

 라텍스는 고무줄 등 고무 제품의 원료나 위생 용품을 만드는 데 널리 쓰이고 있고, 최근에는 침대나 베개의 쿠션으로도 많이 쓰이고 있어.

〈라텍스〉

💡 특수 분장과 라텍스 가면

특수 분장이란 특수 약품이나 라텍스 등을 이용해 입체적으로 분장하는 것을 말해. 라텍스로 실제 피부와 아주 비슷한 느낌의 가면을 만들 수 있어서 영화나 코스튬 플레이(코스프레)에서 많이 사용되고 있어.

그런데 최근에는 이를 악용해 범죄에 이용한 사건도 있었어. 영국 런던을 공포로 몰아넣었던 백인 무장 강도를 잡고 보니, 흑인이었대. 그가 10년 넘게 경찰에 붙잡히지 않고 도망 다닐 수 있었던 것은 범죄를 저지를 때 얼굴 전체와 등과 가슴 일부분을 덮는 라텍스 가면으로 백인 분장을 했기 때문이었지.

그러니까 생각해 봐. 현장 조사 중 우연히 발견하게 된 고무 조각. 그게 라텍스라는 것을 알아차렸고, 결국 범인이 라텍스 가면을 쓰고 위장해 들어온 것을 밝혀낼 수 있었어. 어때, 멋지지?

핵심 과학 원리 | 태양의 움직임

사건 3

목격자의 활약

그때였다. 이제껏 가만히 듣고만 있던 하수가
모기만 한 목소리로 말했다.
"엄마, 저 할래요."
작은 목소리지만 단호한 말투라 모두 깜짝 놀랐다.

고단한 하루

경찰대학 2학년에 재학 중인 수리와 화산이는 겨울 방학이 시작되자마자 강수 경찰서 형사과에서 겨울 방학 실습을 하고 있다. 말이 실습이고 교육이지, 평일은 물론 토요일마저도 하루 종일 사건을 해결하느라 정신이 없었다. 게다가 야간 근무까지 해야 하는 상황이었다.

늦은 저녁을 먹어서 그런지 수리는 더 힘이 없었다. 피곤함에 지쳐 책상에 엎드려 있는데, 화산이가 카페비네 커피를 내밀었다.

"이거 마시고 기운 차려."

"와! 고마워, 화산아!"

역시 친구밖에 없다. 형사 학교 때부터 동고동락하다 보니, 수리와 화산이는 서로에게 큰 힘이 되어 주었다. 둘이 함께 달콤하고 따뜻한 커피를 마시며 오랜만에 여유를 즐기고 있는데, 전화벨이 울렸다. 이 시간에 걸려 온 전화라면? 화산이가 얼른 전화를 받았다. 역시 예상대로였다. 도난 사건이 발생했다는 것. '잠깐의 여유조차 허락하지 않는구나' 생각하며 화산이와 수리는 곧바로 출동했다.

사건이 난 현장은 정원이 있는 단독 주택으로 한눈에 보기에도 꽤 부잣집으로 보였다. 집주인 부부는 얼굴이 파랗게 질려 있었다.

"아침 일찍 골프 치러 갔다가 조금 전 8시쯤 돌아왔는데, 현관문이 열려 있더라고요."

아주머니가 떨리는 목소리로 말하자 아저씨가 말을 이었다.

"아침에 내가 분명히 잠그고 나갔거든요."

"이상하다 싶어 얼른 들어와 보니까, 집 안이 이렇게 되어 있는 거예요. 아이고, 무서워라."

거실이며 안방이며 장이면 장, 서랍이면 서랍까지 모두 열려 있어 마구 뒤진 흔적이 역력했다. 수리가 물었다.

"잃어버린 물건은 뭐죠?"

"귀금속이랑 현금이요. 다 합쳐서 한 5000만 원 정도는 될 거예요."

"이 집에 두 분만 사시나요? 다른 가족들은요?"

화산이의 물음에 아저씨가 대답했다.

"딸 하나 있는데 미국에 유학 보내고 우리 둘이 삽니다."

수리는 집 안에서 범인의 흔적과 지문을 찾고, 화산이는 집 밖에서 침입 흔적을 찾기 시작했다. 현관문이 열려 있었다니, 나간 것은 그쪽으로 나갔다 치더라도 들어온 건 다른 곳일 수 있기 때문이었다.

그러나 집을 빙 둘러봐도 잠긴 창문을 밖에서 억지로 연 흔적은 찾을 수 없었다. 다용도실로 연결되어 있다는 뒷문 역시 단단히 잠겨 있었다. 현관문은 번호를 누르는 디지털식이 아니라 열쇠로 여는 방식이었다. 열쇠 구멍은 두 개. 범인이 재주껏 열었거나 아니면 열쇠를 갖고 있었다는 뜻이다.

"현관문으로 들어온 것 같은데요."

화산이의 말에 아주머니는 무척 걱정스런 표정으로 말했다.

"사실 어제 제가 열쇠를 잃어버렸어요."

"그래요? 어디서 잃어버리셨는데요?"

"그걸 모르겠어요. 가방에 있는 줄 알았는데, 아침에 찾으니까 없더라고요."

그러자 아저씨가 말했다.

"어디서 잃어버렸는지 잘 좀 생각해 봐."

아주머니는 잠시 생각하더니 11시쯤 백화점에 가서 골프 장갑이랑 모자를 사고 친구를 만나서 점심을 먹은 뒤, 오후에는 바로 댄스 스포츠 학원에서 춤을 배우고 왔다고 했다.

"열쇠를 언제, 어디서 잃어버렸는지는 모르겠어요."

그냥 길에 흘린 게 아니라 만약 범인이 열쇠를 훔쳐 범행을 저지른 거라면, 그는 이 집에 대해 잘 아는 사람임이 분명하다. 또 하루 종일 집이 빌 거라는 사실까지 알았을 확률이 높다.

아저씨가 물었다.

"혹시 그 댄스 학원인지 뭔지 하는 데서 누가 훔친 거 아냐?"

그러자 아주머니는 화들짝 놀라며 말했다.

"아유, 그런 소리 마세요. 거기 그런 사람 없어요."

"그걸 당신이 어떻게 알아? 춤추느라 정신없으면서."

아저씨는 아주머니가 춤 배우러 다니는 게 못마땅한 눈치였다. 수리가 물었다.

"수업 시간에 가방은 어디에 두셨나요?"

"사물함에 뒀죠. 옷 갈아입고."

화산이가 물었다.

"그럼 학원에서 나올 때도 집 열쇠가 있는지 확인 안 하셨나요?"

"당연히 있으려니 했죠."

"혹시 댄스 학원 사람들 중에 의심 가는 사람은요?"

수리가 묻자 아주머니는 손을 내저으며 말했다.

"없다니까요. 그 학원 다닌 지 1년이 넘는데 이런 일은 한 번도 없었어요."

그렇다면 열쇠를 잃어버린 것과 이번 사건은 전혀 무관하단 말인가! 하기야 요즘 빈집 털이 사건이 자주 발생하긴 했다. 아침에 사람이 나가는 것을 몰래 지켜보거나 초인종을 눌러 빈집인지 아닌지 확인한 후 들어가는 수법이 대부분이었다.

"내일 날 밝으면 한 번 더 열쇠를 찾아보세요. 학원에도 가 보시고요."

밤이 너무 늦은 터라 수리와 화산이는 날이 밝으면 목격자를 찾아보기로 했다. 그리고 경찰서에 돌아와 지문 감식을 의뢰하고, 피해자의 집 근처에 설치된 CCTV 데이터를 살폈다. 그러나 CCTV가 집에서 100미터나 떨어진 곳에 설치되어 있어 별 도움이 되지 않았다. 또 최근 주변에서 일어난 도난 사건에 대해 알아보니, 바로 지난주 옆 동네인 건전구에서 비슷한 도난 사건이 발생해 수사하고 있었다.

"동일범의 짓이 아닐까?"

화산이의 말에 수리는 수화기를 들며 말했다.

"건전 경찰서에 전화해 보자."

하지만 담당 형사는 이미 퇴근하고 없었다. 그제야 시간을 보니 어느새 밤 12시가 다 되어 가고 있었다. 사건이 터지는 바람에 시간 가는 줄도 모르고 있었던 것. 수리는 내일 다시 연락하기로 하고 전화를 끊었다. 아이들의 고단한 하루는 그렇게 마무리됐다.

 목격자를 찾아라!

다음 날 일찍 출근한 수리와 화산이는 곧바로 건전 경찰서에 전화를 걸었다. 담당자, 강수미 형사가 전화를 받았다.

"오리무중이에요. 현관문에 달린 디지털 도어로크를 망치로 부순 흔적밖에는 증거가 없어요. 저도 그 사건 때문에 아주 골치가 아파요. 도난당한 댁이 꽤 높으신 분이더라고요."

자신의 고충을 한참 털어놓는 강 형사. 결국 서로 도와 공조 수사를 하기로 약속하고 전화를 끊었다. 디지털 도어로크를 부수고 들어왔다면 이번 경우와는 좀 다르다. 그러니 꼭 동일범이라고 단정하기도 힘들었다.

수리와 화산이는 목격자 탐문에 나섰다. 그런데 주택가인 데다 날씨까지 쌀쌀해서 그런지 다니는 사람이 많지 않았다. 마을 입구의 가게와 이웃집을 돌며 물어봤지만 목격자는 나오지 않았다.

아주머니는 그날 만났던 친구에게도 물어보고, 댄스 학원에도 가서 여기저기 뒤졌지만 열쇠를 찾지 못했다고 했다. 결국 별다른 단서를 찾지 못하고 다시 경찰서로 돌아온 수리와 화산이. 지문 감식 결과 역시 주인 부부의 지문만 나왔다니, 둘은 맥이 빠졌다.

수리와 화산이는 점심을 먹으러 갔지만 입맛도 없었다. 사건이 터지면 범인을 잡느라 이리 뛰고 저리 뛰며 애쓰지만 범인을 잡기란 결코 쉽지 않다. 날이 갈수록 범죄는 더 많아지고 수법도 교묘해져서 범인들은 지문뿐 아니라 다른 증거물도 거의 남기지 않는다.

둘은 겨우 배고픔을 면할 정도만 먹고 다시 일어섰다. 이대로 그냥 손 놓고 있을 수만은 없기 때문이다. 둘은 다시 목격자를 찾기 위해 나갔다. 오후에는 사람들이 좀 다닐까 싶어서였다.

그런데 한 시간쯤 돌았을까? 피해자의 집 앞을 지나는데 한 여자 아이가 두 사람을 불렀다.

"저기요."

통통하고 귀엽게 생긴 아이였다. 옷도 공주처럼 예쁘게 입고 있었다.

"왜? 길 물어보려고?"

수리가 물었다.

"아니요. 저…… 혹시 이 집에 무슨 일 있었어요?"

그러면서 도난 사건이 발생한 집을 가리켰다. 화산이가 대답했다.

"그래. 어제 도둑이 들었어. 혹시 본 거 있니?"

"아, 네. 그게요……."

아이는 머뭇거렸다. 수리가 친절하게 웃으며 물었다.

"이름이 뭐니?"

"은하수요."

"은하수? 와, 이름 참 예쁘다."

정말 예쁜 이름이었다. 수리가 다시 물었다.

"걱정하지 말고 얘기해 봐."

그제야 하수는 천천히 말하기 시작했다.

"어제 낮에요, 딱 이맘때쯤이었어요. 제가 피아노 학원 갔다 올 때니까요. 이 집에서 한 아저씨가 커다란 가방을 들고 나오는 거예요. 이 집에는 아주머니랑 아저씨랑 두 분만 사시거든요. 처음 보는 아저씨라서 누군지 궁금해서 봤는데, 저랑 눈이 마주치니까 그 아저씨가 당황하는 거예요."

가만, 그렇다면 범인을 목격했다는 말인가! 화산이가 다급한 목소리로 물었다.

"그래서?"

"금방 아무렇지 않은 것처럼 표정을 바꾸더니 가방을 가지고 저기 아랫길로 내려갔어요."

"그 사람, 어떻게 생겼는지 기억나니?"

"음……. 얼굴이 좀 긴 편이고, 눈은 작지만 동그랗게 생겼고, 머리카락은 짧고……."

아이는 자신이 본 남자의 모습을 설명하더니 이내 답답하다는 듯 말했다.

"아이참, 말로 하려니까 어려워요. 그림으로 그리면 안 돼요?"

"그림으로? 그, 그래. 그런데 종이가 너무 작아서……."

수리가 작은 수사 수첩을 꺼내 내밀자, 하수는 얼른 자기 가방에서 노트를 꺼냈다.

"큰 종이 여기 있어요."

그러더니 피아노 가방을 피해자 집의 대문턱에 놓고 치마를 단정히 모으며 앉았다. 참 얌전한 아이다. 아이는 연필을 꺼내 그림을 그리기 시작했다. 수리가 물었다.

"몇 학년이니?"

"5학년이요."

그림 솜씨가 꽤 좋았다. 정말 이 아이가 범인을 봤을까? 그렇다면 얼마나 좋을까. 그런데 그림이 거의 완성되어 갈 때였다.

"하수야, 은하수!"

"어, 엄마! 여기요!"

하수는 손을 들어 자기가 있는 곳을 알렸다. 하수의 엄마는 눈이 동그래져서 물었다.

"여기서 뭐 하는 거야?"

엄마는 경찰들을 보고 좀 놀란 모양이었다. 수리가 얼른 인사했다.

"안녕하십니까? 저희는 강수 경찰서 형사입니다. 어제 이 집에서 도난 사건이 발생했는데요. 하수가 범인을 본 것 같다고 해서……."

그런데 수리가 설명을 채 끝내기도 전에 엄마는 깜짝 놀라며 말했다.

"아유, 무슨 말씀이세요. 어린애가 뭘 안다고. 하수야, 너 뭐 봤어?"

"응. 어제 낮에 피아노 학원 갔다 오는데……."

그러나 엄마는 얼른 하수의 손을 잡아 일으켜 세우며 말했다.

"애가 본 게 무슨 증거가 되겠어요. 하수야, 집에 가자."

엄마는 귀한 딸이 범죄 사건에 연루되는 것이 걱정되는 모양이었다. 화산이가 말했다.

"아이들의 증언도 일관성이 있으면 중요한 단서가 됩니다."

하지만 엄마는 손을 내저었다.

"죄송해요. 아이가 잘못 봤을 수도 있잖아요. 또 봤다고 해도 우리 아이가 증언했다는 것을 범인이 알기라도 하면……. 죄송합니다."

수리와 화산이가 말릴 틈도 없이 엄마는 하수의 손을 잡아끌었다. 그때였다.

"아유, 이웃끼리 좀 도와주지 그래요."

아주머니였다. 밖에서 시끄러운 소리가 나자 나온 것이었다. 아주머니의 말에 하수 엄마가 난처한 표정으로 말했다.

"아니, 그게 아니라……."

"하수 엄마 심정이야 이해하지. 하지만 하수가 본 사람이 진짜 범인일지도 모르잖아."

이렇게 되자 하수 엄마도 더 이상은 안 된다고 못 할 상황이었다. 수리가 물었다.

"하수야, 거의 다 그렸니?"

"네. 여기요."

하수는 노트를 보여 주었다. 그런데 그림을 본 아주머니가 소스라치게 놀라며 말했다.

"헉! 이, 이 사람은! 하수야, 진짜 이 사람 봤어?"

하수가 고개를 끄덕이며 말했다.

"네. 어제 낮에 이 집에서 나오는 거 분명히 봤어요."

아주머니는 얼굴이 파래졌다. 수리가 얼른 물었다.

"아는 사람이에요?"

"네. 제가 다니는 댄스 학원 강사예요."

"정말요?"

수리와 화산이가 놀라 되물었다.

"네. 제가 1년 동안 춤 배운 선생님이에요. 박수현이라고……."

하수가 정말 범인을 봤다는 말인가! 하수 엄마는 멈칫하더니 찜찜한 듯 말했다.

"그림만 보고 어떻게 알겠어요?"

그러나 아주머니는 고개를 저으며 말했다.

"아니에요. 아주 똑같이 그렸어요. 박수현 선생이랑."

"하수야, 고맙다. 아주 좋은 단서가 됐어."

화산이의 인사에 하수는 부끄러운 듯 웃었다.

 용의자를 찾아라!

수리와 화산이는 곧바로 아주머니와 함께 댄스 학원으로 갔다. 아주머니가 원장에게 다급하게 물었다.

"박수현 선생 오늘 나왔어요?"

"아니요. 어제부터 휴가예요. 오늘까지."

"네? 휴가요?"

"그런데 무슨 일로? 설마, 집에 도둑이 들었다더니……."

원장이 깜짝 놀라며 물었다. 아주머니가 열쇠를 찾아보러 들렀을 때 집에 도둑이 들었다는 얘기를 한 것이다. 화산이가 원장에게 부탁했다.

"박수현 씨 주소랑 전화번호 좀 알려 주세요."

"그럼 수현 씨가 범인이에요?"

원장은 여전히 놀란 표정으로 물었다.

"목격자가 나타났어요. 어제 우리 집에서 나오는 걸 봤대요."

"어머나! 어머나! 이게 무슨 일이래? 박 선생, 그럴 사람은 아닌데."

"혹시 수상한 점은 없었나요?"

수리의 질문에 원장은 고개를 갸웃하며 대답했다.

"글쎄요. 그저께 오후에 갑자기 휴가를 내겠다고 해서 난감하긴 했어요. 급하게 다녀올 데가 있다길래 그러라고 했죠."

갑작스레 휴가를 낸 것은 수상하다. 아주머니의 집이 빈다는 사실을 알았기 때문이 아니었을까? 수리가 물었다.

"혹시 박수현 씨한테 집에 사람이 없을 거라는 얘기를 했나요?"

"직접 얘기하진 않았는데, 수업 시작하려고 할 때 남편한테서 전화가 왔었어요. 내일 몇 시 약속이냐고 하기에 아침 10시 약속이고 롱롱 컨트리 클럽으로 가면 된다고 말했죠. 그리고 끊었는데, 지나가듯 묻더라고요. 내일 골프 치러 가냐고. 그래서 간다고 했죠."

수리가 물었다.

"집에 두 분만 산다는 것도 박수현 씨가 알고 있나요?"

"알고 있었을 거예요. 딸 하나 있는데 유학 가 있다고 했으니까. 남편 혼자 있어서 빨리 가서 밥 차려 줘야 한다는 말도

가끔 했고."

물론 옷차림을 보거나 사는 동네를 듣고 아주머니가 꽤 잘산다는 것도 알고 있었을 것이다.

"그럼 개인 사물함에 넣어 뒀던 집 열쇠를 훔쳤다는 얘긴데, 그럴 만한 시간이 있었나요?"

화산이가 물었다.

"수업 끝나고 나서 잠깐 저 혼자 연습했었어요. 혹시 그때 훔친 게 아닐까요?"

"사물함을 잠그지 않았나요?"

"당연히 잠갔죠."

아주머니의 대답에 원장이 말했다.

"사무실에 마스터키가 있긴 해요. 수강생들이 개인 사물함 열쇠를 잃어버렸을 때 필요하거든요."

그렇다면 박수현이 진짜 범인일 가능성이 크다. 수리는 원장이 적어 준 박수현의 전화번호로 전화를 걸었다. 그런데 꺼져 있었다. 전화기가 꺼져 있으니 위치 추적도 불가능한 상태. 수리와 화산이는 곧바로 박수현의 집으로 찾아갔다.

작고 허름한 아파트였다. 초인종을 눌러도 아무도 나오지 않았다. 옆집 사람에게 물어봤지만 누가 사는지조차 모르고 있었다. 아파트 경비원도 마찬가지였다. 여러 동을 한꺼번에 관리하기 때문이란다.

"오늘까지만 휴가를 낸 걸로 봐선 다시 돌아오지 않을까?"

수리의 말에 화산이는 일단 집 앞에서 좀 더 기다려 보기로 하고, 수리는 경찰서로 들어와 박수현의 신상에 대해 조사했다. 고향집은 경상남도 진평. 수리가 전화를 걸었다. 아버지라는 사람과 연결이 됐지만 박수현에 대해 묻자 퉁명스럽게 대답했다.

"몰라. 집 나간 지 5년도 넘었는데 그동안 소식 한 자 없는 녀석을 왜 여기서 찾아?"

박수현은 무슨 이유인지 집과는 연락을 끊고 사는 것 같았다. 그렇다면 고향에 안 간 게 분명했다. 혹시 도둑질한 물건을 팔기 위해 다른 도시로 간 건 아닐까?

수리는 박수현이 휴대전화를 마지막으로 사용한 위치와 시간을 알아봤다. 그저께 오후 5시경 집 근처 기지국에서 신호가 잡힌 게 마지막이었다. 통화한 전화번호를 확인해 보니 거제도였다. 수리는 얼른 전화를 걸었다.

"여보세요. 바다민박입니다."

'민박집?'

수리는 자신의 신분을 밝히고 나서 물었다.

"혹시 박수현 씨라고 아세요?"

잠시 침묵이 흘렀다. 안다는 건지, 모른다는 건지. 잠시 후 주인은 생각난 듯 대답했다.

"그 사람 그저께 밤에 내려와 이틀 자고 올라갔어요."

수리는 깜짝 놀랐다. 그저께 밤에 거제도에 가서 이틀 있다 올라왔다면, 사건 발생 시간에는 거제도에 있었다는 뜻이 아닌가!

"정말이에요?"

"네. 그저께 밤 12시쯤 와서 어제 하루 종일 낚시하고, 오늘 정오쯤에 올라갔어요."

'그렇다면 박수현은 범인이 아니다? 어린아이의 말을 너무 쉽게 믿고 범인이라고 단정한 걸까?'

수리는 살짝 걱정이 됐다.

어느덧 5시가 넘은 시간이었다. 수리는 다시 박수현의 집으로 가며 화산이에게 전화했는데, 화산이가 다급하게 말했다.

"방금 왔어. 빨리 와."

수리는 얼른 전화를 끊고 차의 속도를 높였다. 그사이 화산이는 아파트로 들어가는 박수현의 모습을 자세히 살폈다. 정말 하수가 그린 얼굴과 거의 똑같았다. 어깨에는 낚시 가방을 메고 있었다.

'뭐야? 낚시 갔다 온 거야?'

화산이는 의아했다. 하지만 하수가 처음 본 박수현의 얼굴을 거의 똑같이 그린 것을 단지 우연의 일치로 볼 수는 없었다. 화산이는 문을 열려는 박수현을 불러 세웠다.

"박수현 씨?"

박수현은 잠시 멈칫하더니 고개를 돌리며 대답했다.

"네. 제가 박수현인데요."

화산이는 간단하게 자기소개를 한 후 물었다.

"박금자 씨 아시죠? 댄스 스포츠 학원에 다니시는."

"아, 네. 그런데 무슨 일로 그러시죠?"

살짝 일그러지는 표정. 화산이는 그 표정을 놓치지 않았다.

"어제 그 집에 도둑이 들었어요."

그러자 박수현은 곧바로 화를 냈다.

"뭡니까? 지금 제가 도둑질이라도 했단 말이에요?"

그때였다. 뒤에서 소리가 들렸다.

"갑자기 휴가를 가셨다고 하던데 어디 다녀오신 거죠?"

수리였다. 박수현은 어처구니가 없는 듯 말했다.

"허 참, 보면 모르십니까? 바다낚시 갔다 왔잖아요."

"바다낚시요? 거제도로요?"

"네? 제가 거제도에 갔던 건 어떻게……? 뭡니까? 벌써 제 뒷조사까지 다 하신 겁니까?"

박수현은 버럭 화를 냈다. 화산이가 차분하게 말했다.

"목격자가 있어요."

움찔하는 박수현. 화산이는 목격자가 피해자의 집에서 나오는 사람을 봤고 몽타주를 그렸는데, 그게 바로 박수현이었다는 사실과 피해자가 사건 전날 댄스 학원에서 열쇠를 도난당한 정황이 있다고 설명했다.

"그럼 내가 박금자 씨 집 열쇠를 훔쳐서 도둑질했다? 허, 말도 안 되는 소리! 난 그 아줌마가 어디 사는지도 모른단 말이에요."

그러더니 생각난 듯 말했다.

"내가 거제도에 다녀온 걸 알잖아요. 그럼 내 알리바이는 확인된 거 아닙니까?"

수리는 할 말이 없었다. 사실 민박집 주인과 통화까지 했으니, 박수현의 말대로 그의 알리바이는 확실한 상황. 하지만 수리도 박수현을 보자마자 놀랐다. 하수가 그린 그림과 너무나 똑같았기 때문이다!

화산이가 물었다.

"거제도로 내려가실 때 버스를 타셨나요?"

박수현은 지갑을 뒤져 버스표를 꺼내 보이며 말했다.

"네. 동남부버스터미널에서요. 버스표도 있어요."

시간을 보니, 그저께 저녁 7시. 거제도행 버스였다. 의심은 가지만 증거물까지 있으니 어쩔 수 없었다. 수리와 화산이는 확인해 보겠다고 하고 돌아섰다. 돌아오는 길에 화산이가 의견을 말했다.

"버스표만 사고 안 탔을 수도 있잖아."

수리도 막 그런 생각을 하고 있었다. 둘은 곧바로 동남부버스터미널로 가서 6시 반에서 7시 사이의 CCTV를 확인했다. 그런데 있다! 매표소 창구 앞 CCTV에 6시 35분쯤 버스표를 사는 박수현의 모습이 찍혀 있었다.

하지만 CCTV가 주로 실내에만 설치되어 있고, 버스 승강장에는 거의 설치되어 있지 않았다. 거제

행 버스 승강장에도 마찬가지였다. 그래서 7시에 거제행 버스를 운전했던 기사 아저씨를 찾아 박수현의 사진을 보여 주었지만 기억하지 못했다. 버스표를 산 건 확인했지만 버스를 탔다는 명확한 증거는 찾지 못한 것이다.

"하수를 다시 만나 보면 어떨까? 박수현을 똑같이 그린 걸 보면 그 사람을 확실히 보긴 본 것 같은데, 혹시 다른 때나 다른 데서 본 걸 헷갈리는 거 아닐까?"

수리의 의견에 화산이도 동의했다.

"부끄러움은 많이 타지만 꽤 똑똑해 보이던데 그런 걸 헷갈렸을까? 나이가 어린 것도 아니고. 어쨌든 다시 만나서 확인해 보자."

수리와 화산이는 은하수의 집으로 갔다. 박수현을 본 상황을 다시 묻자, 하수는 이전과 똑같이 대답했다. 그렇다면 방법은 하나. 박수현을 직접 보여 주는 수밖에 없다. 하지만 예상대로 하수의 엄마는 단호하게 거절했다.

"안 돼요. 너무 위험해요. 진짜 범인이 맞다면 나중에 찾아와 해를 끼칠 수도 있잖아요."

하수 엄마의 마음을 왜 모르겠는가! 행여나 다칠까 늘 노심초사하는 우리 부모님들의 마음을. 수리는 하수 엄마를 설득했다.

"그 사람과는 절대 안 만나게 할게요. 신분도 철저히 비밀로 하겠습니다. 도와주세요."

그때였다. 이제껏 가만히 듣고만 있던 하수가 모기만 한 목소리로 말했다.

"엄마, 저 할래요."

작은 목소리지만 단호한 말투라 모두 깜짝 놀랐다. 하수 엄마도 놀라 물었다.

"뭐? 하겠다고?"

"네. 그 사람이 목격자가 저인지 모르면 되잖아요."

"하수야, 네가 잘 몰라서 그러는데……."

"위험해질지도 모른다는 거지, 확실히 위험해지는 건 아니잖아요. 그리고 제가 분명히 그 사람 얼굴 봤어요. 그런데 자기는 범인이 아니

라고 딱 잡아떼잖아요. 거짓말하고 있는 거라고요. 엄마가 그러셨잖아요. 거짓말하는 사람이 제일 나쁘다고. 그런데 거짓말하는 사람을 보고도 그냥 모른 척하는 건 더 나쁜 사람일지도 몰라요, 엄마."

모두들 입이 쩍 벌어졌다. 이제껏 부끄러워 말 한마디 시원하게 못하던 하수가 자신의 생각을 또박또박 말하다니. 엄마도 놀란 표정이 역력했다. 엄마는 잠시 생각하더니 말했다.

"그래. 엄마가 잘못 생각했다. 네 걱정이 먼저 앞서서 그랬어. 죄송해요, 고생들 하시는데."

마침내 엄마가 하수를 다음 날 아침 경찰서로 데려가겠다고 약속했다. 하수네 집을 나오면서 수리와 화산이는 각자 빙긋이 웃고 있었다.

"하수, 알고 보니 대단하네. 부끄럼도 많이 타고 엄마 말씀에 꼼짝 못 하더니 말이야."

수리가 먼저 말했다.

"그러게. 그림 솜씨도 대단하고."

화산이도 같은 생각이었다. 그 순간, 둘은 동시에 잊었던 임무가 번뜩 생각났다.

"맞다! CSI!"

CSI 3기를 찾아오라는 박 교장과 공 교장의 명령이 생각난 것이다. 화산이가 물었다.

"괜찮을까?"

"난 잘할 것 같아. 적극적인 성격이 아니라서 좀 걱정이긴 한데, 사실 나도 처음엔 그랬거든. 다 형사 학교 다니면서 바뀐 거지."

"하기야 그건 나도 마찬가지네. 워낙 산전수전 다 겪다 보니."

"하하하."

둘은 오랜만에 큰 소리로 웃었다. 처음 형사 학교에 들어왔을 때, 그 어리바리하고 겁 많았던 때가 떠올라서였다. 하수와 엄마가 내일 경찰서에 오면 CSI에 대해 말해 보기로 했다.

목격자의 활약

다음 날 아침 일찍 하수와 엄마가 경찰서로 왔다. 수리는 둘을 데리고 조사실 옆방으로 들어갔다. 조사실에서 벌어지는 일을 창문을 통해 볼 수 있는 곳. 물론 조사실에서는 그 방이 보이지 않는다.

잠시 후 박수현도 경찰서에 출두했다. 좀 더 조사할 게 있으니 나오라고 한 것이다. 화산이가 박수현을 데리고 조사실로 들어왔다. 그런데 박수현을 보자마자 하수가 말했다.

"저 아저씨 맞아요. 그때도 저 양복에 저 와이셔츠를 입고 있었어요. 넥타이는 파란색이었는데 지금은 초록색이네요."

하수는 정확하게 기억하고 있었다. 역시 잘못 본 것은 아닌 게 확실했다. 조사실에 있던 화산이는 박수현에게 말했다.

"터미널에서 버스표를 사는 건 확인했지만 버스를 탄 건 확인하지 못했어요."

"그럼 제가 알리바이를 위해 버스표만 사고, 버스는 타지 않았다는 건가요? 왜 이렇게 사람을 못 믿어요? 민박집 주인도 제가 거기 있었다고 증언했다면서요."

"그건 박수현 씨가 부탁했을 수도 있잖습니까?"

"그런 식이라면 저를 봤다는 그 목격자도 댁이 부탁해서 거짓 증언을 한 걸 수도 있겠군요."

말도 안 되는 억지를 쓰는 박수현. 화산이는 다시 침착하게 물었다.

"바다낚시는 언제부터 다니셨나요?"

"좀 됐어요. 한 2년 정도."

"갑자기 휴가를 냈다고 하던데, 바다낚시를 가려고 휴가를 낸 건가요?"

"네. 갑자기 낚시가 하고 싶더라고요."

그러더니 답답하다는 듯 휴대전화를 꺼내 사진을 보여 주며 말했다.

"원 참, 답답해서. 증거를 보여 드릴게요. 확실한 증거를. 이건 바다에 나가기 전 오전에 민박집에서 찍은 거고요. 11시쯤 배 타고 바다에 나가서 하루 종일 바다낚시 하고 저녁때 다 돼서 돌아왔거든요. 이것 보세요. 제가 잡은 고기예요."

박수현은 숙소 앞에서 찍은 사진과 배 위에서 잡은 고기를 들고 찍은 사진을 보여 주었다. 그렇다면 사건 당일, 하루 종일 거제도에 있었다는 뜻인데, 박수현은 정말 범인이 아니라는 말인가?

화산이는 박수현이 제시한 두 장의 사진을 자세히 살폈다. 그리고 슬쩍 미소를 지었다. 그가 거짓 증언을 하고 있다는 확실한 증거를 찾았기 때문이다. 화산이는 확인해 보겠다며 박수현에게 기다리라고 하고는 휴대전화를 가지고 조사실 옆방으로 갔다. 그리고 그 사진을 하수에게 내밀며 말했다.

"사건 당일 거제도에서 찍은 사진이래."

하수는 사진 두 장을 유심히 봤다. 화산이의 행동이 수리는 의아했다. 눈짓으로 왜 그러냐고 묻자, 화산이가 씩 웃으며 어깨를 으쓱했다. 뭔가 의도가 있는 행동이 분명했다. 수리도 사진을 봤다. 그런데 수리도 번쩍! 화산이가 하수에게 사진을 보여 준 이유를 눈치챘다. 수리도 화산이를 보고 웃었다.

하수는 사진을 다 보더니, 고개를 갸웃하며 말했다.

"민박집 앞에서 찍은 사진, 언제 찍은 거래요?"

"사건 당일 오전에 찍은 거래. 11시쯤 낚시하러 바다에 나갔다니까 그전에 찍었겠지."

화산이의 대답에 하수는 다시 고개를 갸우뚱하더니 말했다.

"이건 오후에 찍은 사진이에요."

화산이와 수리의 눈이 마주쳤다. 하수 엄마도 놀라 물었다.

"그럼 거짓말을 했단 말이야?"

"네. 이건 분명히 오후에 찍은 거예요. 만약 오전에 찍은 거라고 했다면 뭔가 숨기려고 거짓말을 한 거죠."

수리가 물었다.

"그래? 어떻게 확신하지?"

"여기 태양열 집열판이 있잖아요. 이건 태양의 열에너지를 모아서 그 열을 온수나 난방에 이용하기 위해 설치한 거죠."

"그건 나도 알아. 그런데 이게 무슨 상관인데?"

화산이가 모른 척 물었다.

"태양은 동쪽에서 떠서 서쪽으로 지잖아요. 태양열이 가장 셀 때는 바로 우리 머리 꼭대기에 있을 때, 즉 남쪽 하늘 정중앙에 있을 때예요. 태양열을 많이 모으기 위해서는 당연히 집열판을 햇볕이 강한 방향으로 설치해야 되잖아요? 열을 많이 모아야 효율이 높으니까요. 그래서 태양열 집열판은 보통 정남향 또는 정남향에서 약간 서쪽으로 설치해요. 그러니까 집열판이 바라보는 방향이 남쪽이라는 얘기죠. 그럼 이 아저씨가 서 있는 앞쪽이 남쪽, 오른쪽이 동쪽, 왼쪽이 서쪽이 돼요."

그러자 수리가 슬쩍 물었다.

"그럼 태양이 사진 오른쪽에서 떠서 왼쪽으로 졌다는 얘기네?"

"맞아요! 그래서 이상하다는 거예요."

하수는 눈을 반짝이며 설명을 계속 이어 나갔다.

태양의 나이는 50억 살

우주에 떠다니는 먼지와 가스가 모여 암흑 성운을 만들고, 암흑 성운이 더욱 수축하여 만들어진 게 원시 태양이야. 원시 태양이 중력에 의해 수축되면서 내부의 온도가 올라가, 수소 원자핵이 헬륨 원자핵으로 변하는 핵융합 반응이 일어날 수 있게 되자 밝은 빛을 내는 태양이 되었어. 태양은 수명이 약 100억 년 정도로 추정되고 있어. 현재 나이는 약 50억 년으로 젊은 별이라 할 수 있지.

"태양이 정오쯤에 정남쪽에 오니까 오전에는 분명히 사진 오른쪽에 떠 있었을 거예요. 그럼 태양이 있는 오른쪽이 밝고 왼쪽은 그늘이 져서 어두워야 되잖아요? 그런데 얼굴을 잘 보세요. 왼쪽이 밝고 오른쪽이 어둡잖아요. 이건 태양이 왼쪽에 있다는 뜻이고, 다시 말해 이 사진은 오후에 찍은 사진이라는 뜻이죠."

수리와 화산이는 아주 만족스러운 표정으로 서로를 보며 싱긋 웃었다. 화산이가 말했다.

"그래. 아주 잘 찾아냈어. 은하수, 너 그림만 잘 그리는 줄 알았더니, 과학도 잘하는구나!"

그러자 하수 엄마가 처음으로 긴장을 풀고 자랑을 했다.

"과학을 재미있어 하기는 해요. 과학 경시대회에서 상도 많이 받았고요. 호호호."

수리가 놀란 표정으로 말했다.

"어쩐지. 그런데 재미있어 하는 정도가 아니에요. 아주 정확하게 맞혔어요."

그러자 하수는 눈을 동그랗게 뜨고 물었다.

"어? 그럼 두 분은 벌써 알고 계셨던 거예요?"

화산이와 수리는 웃으며 고개를 끄덕였다. 둘은 잠깐만 기다려 달라고 하고는 복도로 나왔다. 수리가 의견을 말했다.

"민박집 주인도 한패가 아닐까?"

수리는 민박집 주인에게 전화를 걸어 확인하기로 하고, 화산이는 박수현이 있는 조사실로 들어갔다.

수리가 민박집 주인에게 거짓 증언이 얼마나 큰 죄인지 설명하고 사실대로 말하라고 하자 민박집 주인은 금방 자백했다.

"죄송합니다. 그 사람이 10만 원을 주면서 그렇게 말해 달라고 하기에……. 우리 집에 자주 오던 손님이거든요."

조사실에 들어간 화산이는 박수현에게 다시 한 번 물었다.

"이 사진, 사건 당일 거제도에서 오전에 찍은 거 맞죠?"

"그, 그렇다니까요."

뭔가 이상한 낌새를 느꼈는지 박수현의 말투가 살짝 떨렸다.

"거짓말하지 마세요. 오후에 찍은 사진이잖아요."

"아니에요. 오후에는 바다에 낚시하러……."

그때였다. 수리가 들어와 박수현에게 수갑을 채우며 말했다.

"민박집 주인이 벌써 실토했어요. 10만 원 받고 거짓 증언한 거라고."

거짓말인지 아닌지 알아내는 방법은?

대부분의 사람들은 거짓말을 하면 신체에 변화가 생겨. 불안하고 긴장된 마음에 저도 모르게 신경계에 급격한 변화가 일어나기 때문이지. 그래서 맥박이 빨리 뛰고, 호흡이 거칠어지고, 얼굴이 빨개지거나 땀이 나. 이러한 변화를 감지해 거짓말을 하고 있는지 아닌지 알아내는 장치가 바로 거짓말 탐지기야. 최근에는 자신이 아는 단어나 장면이 나오면 순간적으로 발생하는 뇌파를 탐지해 거짓말을 알아내는 뇌지문 탐지기도 많이 이용되고 있어.

그러나 박수현은 사진 정보를 보이며 끝까지 우겼다.

"여기 보세요. '오전 10시 35분'이라고 저장되어 있잖아요."

"그건 충분히 조작할 수 있죠. 휴대전화로 전송받아 저장하면 저장한 날짜와 시간으로 바뀌잖아요? 이 사진은 다른 날 찍은 게 분명해요. 알리바이를 위해 일부러 그 시간에 전송받은 거겠죠."

더 이상 둘러댈 말이 없어진 박수현은 고개를 떨궜다.

"죄송합니다."

박수현은 평소 부유해 보이는 아주머니를 눈여겨봐 왔다고 했다. 그 날도 아주머니가 엄청 큰 보석 반지를 끼고 와 자랑을 했다는 것. 우연히 다음 날 집이 빈다는 얘기를 듣고 도둑질을 결심했단다. 사물함에서 열쇠를 훔치고 휴가를 낸 다음, 알리바이를 만들기 위해 버스표를 사고 이전에 찍은 사진을 다시 전송받는 등 치밀한 계획에 따라 범행을 저지른 사실이 밝혀졌다.

결국 목격자인 은하수의 대활약 덕분에 범인을 잡은 것이다.

다음 날 수리와 화산이는 다시 하수네 집을 찾아갔다. 그리고 하수와 엄마에게 CSI에 대해 말했다. 그러나 엄마는 이번에도 반대했다.

"그건 안 돼요. 어린아이가 형사라니! 너무 위험해요. 그리고 우리 하수는 장래 희망이 따로 있어요. 멋진 피아니스트가 되는 거죠. 그렇지, 하수야?"

하수는 잠시 말이 없더니 가만히 고개를 끄덕였다. 그런 하수를 보며

수리가 말했다.

"지금 당장 대답하지 않아도 돼. 다시 한 번 생각해 봐. 어머님도요. 하수에게도 좋은 경험이 될 거예요."

"생각하나 마나 결론은 똑같아요. 죄송해요. 좋은 기회를 주셨는데."

결국 하수는 안 하겠다고 했다. 하고 싶지 않다는데 억지로 시킬 수는 없는 일. 화산이와 수리는 아쉬움을 안고 하수네 집을 나섰다.

 ## 하수가 들려주는 사건 해결의 열쇠

우연히 목격하게 된 범인. 범인이 알리바이를 증명하기 위해 보여 준 사진이 가짜임을 알 수 있었던 건 바로 태양에 대해 잘 알았기 때문이야.

💡 태양의 에너지

태양계에 속해 있는 지구는 태양의 빛과 열을 이용해 살고 있어. 지구에 생명체가 살 수 있는 건 태양이 보내 주는 빛과 열이 있기 때문이지.

태양은 대부분이 수소로 이루어진 뜨거운 별이야. 표면 온도가 약 6000℃고 중심부는 약 1500만℃나 되지. 태양의 수소가 핵융합에 의해 헬륨으로 변하면서 엄청난 빛과 열을 내.

태양 에너지는 약 1억 5000만 km나 떨어져 있는 지구에 1㎡(제곱미터)당 약 1.4kW(킬로와트)의 에너지를 공급할 수 있을 정도로 막강해. 태양 에너지가 대기층을 통과해 지표에 이르기까지 오존이나 수증기에 의해 일부가 흡수되는 것을 빼면, 1㎡당 약 1kW의 에너지가 도달한다고 볼 수 있지. 이는 100W(와트)짜리 전구 10개를 켤 수 있는 에너지야.

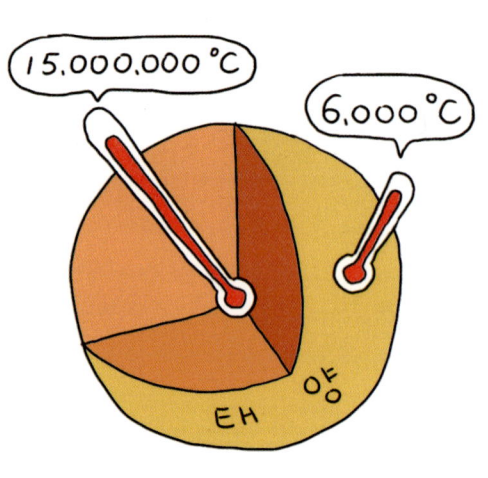

〈태양의 빛과 열〉

💡 지구의 자전과 태양의 움직임

지구는 태양 주위를 일 년에 한 번 '공전'하면서, 하루에 한 번 '자전'하고 있어. 지구는 자전축을 중심으로 서쪽에서 동쪽으로 움직이는데, 한 번 자전하는 데는 정확히 23시간 56분 4초가 걸려. 그런데 지구는 자전을 하는 동시에 공전 궤도를 따라 움직이기 때문에 다시 태양을 향하기 위해서는 1도 정도 더 돌아가야 해. 그래서 하루는 24시간이 되는 거야.

낮과 밤은 지구의 자전 때문에 생겨. 태양을 향하고 있어 태양 빛을 받는 곳은 낮, 태양의 반대 방향을 향하고 있어 태양 빛을 받지 못하는 곳은 밤이 되는 거지. 태양은 새벽에 동쪽 수평선 아래에서 떠올라. 그리고 점점 높이 떠올랐다가 다시 서쪽 수평선 아래로 지지. 태양이 가장 높이 떠 있을 때는 남쪽 하늘 정중앙에 있을 때야. 우리나라는 낮 12시 30분쯤 되는데 이때 지표면이 받는 태양 에너지가 가장 많지.

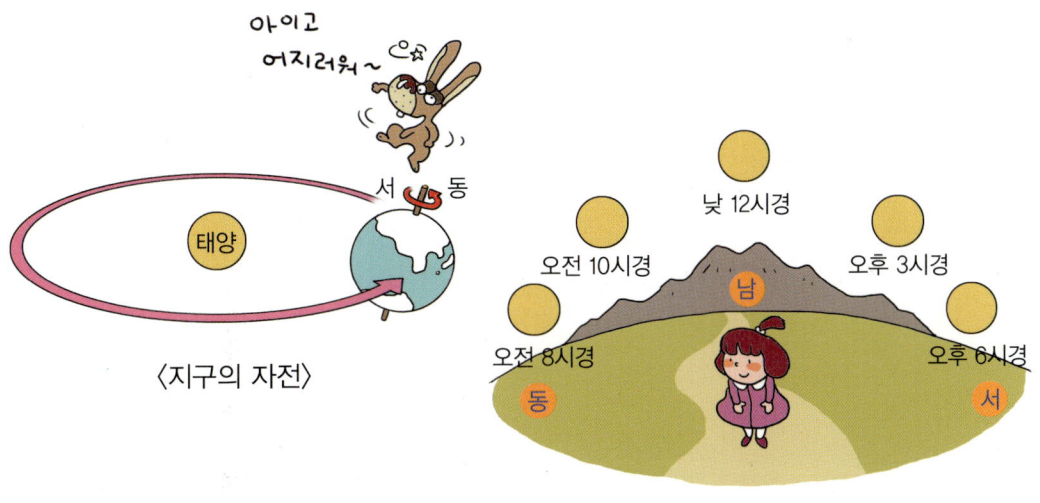

〈지구의 자전〉

〈하루 중 태양의 움직임〉

💡 태양 에너지 이용하기

 태양 에너지를 이용하는 방법은 열을 이용하는 방법과 빛을 이용하는 방법, 두 가지가 있어.

 태양열을 이용하는 방법은 태양열 주택과 태양열 발전이 있지. 주변에서 흔히 볼 수 있는 태양열 주택은 지붕 위에 설치된 집열판에서 태양열을 받아들여 그 열로 난방을 하는 집이야. 햇빛이 집열판에 닿으면 태양 에너지가 열로 바뀌고 그 밑에 있는 파이프의 온도가 올라가서 파이프 안에 흐르는 물을 가열해. 가열된 물은 증기로 바뀌어 송풍 장치를 통해 따뜻한 공기를 제공하지. 태양열을 많이 모아야 효율이 좋아지기 때문에 집열판은 태양열을 가장 많이 받을 수 있는 정남향 또는 정남향에서 약간 서쪽으로 설치해.

〈태양열 주택의 원리〉

태양열 발전은 거울 같은 장치를 이용해 빛을 모아 높은 열을 내게 하고, 이 열로 물이나 기름을 데운 다음, 그때 발생하는 증기의 압력으로 발전기의 터빈을 돌리는 방식이야.

　반면 태양광 발전은 열을 모으지 않고 태양 전지를 이용해 태양의 빛을 직접 전기 에너지로 전환해 사용하는 발전 방식이야. 그래서 태양광 발전기는 태양 전지와 축전지, 전력 변환 장치로 구성되어 있지.

　태양 에너지는 공해가 없고 필요한 장소에 필요한 만큼만 발전할 수 있고 유지와 보수가 쉽다는 장점이 있지. 하지만 햇빛의 양에 따라 발전량이 달라지고 설치 장소가 제한적이라는 점, 또 초기에 드는 비용이 비싸다는 단점이 있어.

　그러니까 생각해 봐. 햇빛이 비치는 쪽은 밝고, 햇빛이 비치지 않은 쪽은 그늘이 져서 어두워. 태양열 집열판으로 방향을 알아내 비교해 보니 해가 서쪽에 있을 때 찍은 사진, 즉 오후에 찍은 사진이었던 거지. 그래서 조작된 거짓말이 드러난 거야.

핵심 과학 원리 　중력과 자유 낙하

학교 폭력의 진실

"제가 막 때리려는 순간, 심한이가 말했어요.
'내가 죽으면 그 형들이 너 안 괴롭힐까?' 흑흑흑."

 다시 만난 인연

어느덧 시간이 흘러 약속한 2주 중 3일밖에 남지 않은 날. 어 형사가 급하게 요리와 혜성이를 불렀다. 아침 일찍 형사 학교에 온 요리와 혜성이가 교장실에 들어가려고 할 때 마침 문이 열렸다. 한 아저씨가 나오며 어 형사에게 인사했다.

"그럼 잘 부탁드립니다."

그런데 어디선가 본 듯한 얼굴이었다. 어 형사도 인사했다.

"네. 걱정 마세요. 그럼 살펴 가세요."

요리와 혜성이는 열흘 전쯤의 기억이 떠올랐다. 분명히 대학가 놀이터에서 기타 치는 아이를 쫓아가던 아저씨였다. 아저씨가 떠나자 어 형사가 아이들을 반겼다.

"오우! 환상의 커플 오셨네."

어 형사는 혜성이와 요리 놀리는 재미에 사나 보다. 요리가 물었다.

"저분은 누구예요?"

"저분? 으응, 학부형."

"네? 학부형이요?"

'그럼 혹시 그 아이가?'

그런데 요리와 혜성이의 예상이 딱 맞았다. 교장실에 바로 그 아이가 앉아 있는 것이었다. 기타 치며 노래 부르던 바로 그 아이, 아빠한테 쫓겨 도망치던 바로 그 아이였다. 공 교장이 말했다.

"인사해라. CSI 1기 선배들이야."

아이는 고개를 들더니, 관심 없는 표정으로 꾸벅 인사했다. 뭔가 못마땅한 눈치였다. 어 형사가 말했다.

"이름도 말해야지."

"강태산."

'발음이 좀 어눌하네. 어쭈, 그런데 반말?!'

혜성이가 이상하다고 생각하는데 어 형사가 덧붙였다.

"일본에서 태어나고 자라서 한국말이 좀 서툴러. 철민이가 보낸 아이야. CSI 3기 후보로."

태양이에게 듣긴 했다. 철민이가 일본에서 한 아이를 추천하기로 했다는 말을. 아빠는 일본에서 탐정으로 이름을 날리고 있다고 했다. 그런데 그 아이가 바로 얘? 노랗게 물들인 긴 머리, 자유분방하게 입은 옷차림새, 삐딱한 자세에 반항아처럼 불만 가득한 표정까지……. CSI와는 너무도 어울리지 않는 아이였다.

"그래서 테스트를 해야 되는데 너희에게 좀 부탁하마."

공 교장이 말했다. 그 일 때문에 불렀을 거라고 예상은 했지만 둘은 난감했다. 혜성이가 의견을 말했다.

"테스트라면 현장에 있는 아이들이 하는 게 더 낫지 않을까요? 지난번처럼요."

영재가 마리를 테스트한 일을 얘기하는 것이다. 그러자 공 교장이 말했다.

"그야 너희도 사건을 맡으면 간단히 해결되지. 오늘 아침에 폭행 사건이 발생했는데 그걸 맡는 게 어떻겠니?"

이미 다 결정해 놓고 의견을 물으시면 뭐, 명령대로 할 수밖에. 어 형사가 일어나며 말했다.

"송사 경찰서에서 수사하고 있다니까 같이 가 보자."

요리와 혜성이가 따라 일어났다. 그런데 태산이는 그대로 앉아 있는 게 아닌가. 어 형사가 말했다.

"너도 같이 가야지."

그제야 귀찮은 듯 일어나는 강태산. 영 의욕이 없어 보였다. 일단 데리고는 나왔지만 요리와 혜성이는 걱정이 되기 시작했다. 차 뒷자리에 태산이와 나란히 앉은 요리는 일부러 말을 붙였다.

"난 너 안다."

힐끗 쳐다보는 강태산. 그러나 역시 별로 관심이 없는 표정이었다.

"너 노래하는 거 봤어. 잘하던데."

표정이 조금 흔들렸다. 잠시 뒤 처음으로 관심을 보이며 물었다.

"언제?"

"며칠 전에. 우수대학교 앞 놀이터에서."

태산이는 고개를 돌려 버렸다. 그러고는 다시 입을 꾹 다물었다.

'하고 싶지 않은 게 분명해.'

어린 나이에 혼자 대학가에 나가 기타 치고 노래를 부를 정도면 음악에 대한 열정이 꽤 큰 아이일 터다. 아빠 때문에 억지로 CSI 테스트를 받는 게 분명해 보였다.

 수사를 시작하다

"이름 소심한. 나이 13세. 중학교 1학년이고, 오늘 아침 6시 10분경 송인동 야산 등산로 입구에서 등산하던 사람이 쓰러져 있는 소심한을 발견해 신고했습니다."

송사 경찰서 박상훈 형사가 사건에 대해 설명해 주었다.

"곧바로 병원으로 옮겼으나 아직 의식이 없는 상태입니다. 온몸에 멍 자국이 있고, 피를 많이 흘린 걸로 봐서 폭행당한 후 버려진 듯합니다."

"생명에는 지장이 없나요?"

어 형사가 물었다.

"네. 그런데 의사 얘기로는 오래전에 생긴 멍도 있다는군요. 아무래도 오랜 기간 지속적으로 폭행을 당한 것 같습니다."

어 형사가 일어나며 말했다.

"흠…… 일단 병원부터 가 보자고."

모두 병원으로 향했다. 소심한의 엄마는 중환자실 앞에서 슬프게 울고 있었다.

"몰랐어요. 그렇게 맞고 다녔는지. 흑흑흑."

초등학교 1학년 때 부모가 이혼한 후 엄마와 단둘이 살았다는 소심한. 이름처럼 소심한 성격에 말수도 별로 없고, 왜소한 체격 때문에 친구가 많지는 않았단다.

"다 내가 못나서, 내가 부족해서 이렇게 된 거예요. 흑흑흑."

요리도 눈물이 났다. 자식이 이 지경이 될 때까지 모르고 있었다는 사실이 엄마의 마음을 얼마나 아프게 할까 느껴졌기 때문이다.

"최근에 이상했던 점은 없었나요?"

혜성이가 물었다.

"2학기 되고 나서 자꾸 물건을 잃어버리긴 했어요. 우리 애가 원래 이것저것 사 달라는 아이가 아니거든요. 집안 형편 어려운 걸 아니까. 그런데 2학기 들어서는 MP3도 사 달라, 그 비싼 스마트폰도 사 달라 그러더라고요. 그런데 며칠 안 가 금방 잃어버렸다는 거예요."

"두 개 다요?"

요리가 의아한 듯이 물었다.

"네. 좀 이상하다 생각하긴 했어요. 하지만 이런 이유였을 줄은 생각도 못 했죠."

어 형사가 물었다.

"그럼 누군가에게 괴롭힘을 당했다는 얘긴 못 들으셨나요?"
"네, 전혀요. 친구를 많이 사귀는 편은 아니지만 그래도 친한 친구는 있는 걸로 알고 있었거든요."
어 형사가 명령했다.
"학교에 가서 친구 관계에 대해 알아봐."
"네."

혜성이와 요리가 대답하고 일어나는데, 뭔가 허전했다. 요리는 주위를 두리번거렸다.

"태산이 어디 갔지?"

그때 창가 쪽 소파에 앉아 멍하니 창밖을 보고 있는 태산이가 눈에 들어왔다. 아무래도 괜한 일 하는 게 아닌가 싶었다.

태산이를 데리고 학교에 도착한 혜성이와 요리는 소심한의 담임 선생님부터 만났다. 선생님은 이미 심한이의 엄마에게 연락을 받아 상황을 알고 있었다. 혜성이가 물었다.

"학교에서 왕따를 당하거나 괴롭힘을 당하지 않았나요?"

선생님은 절대 아니라며 고개를 저었다.

"그건 아닙니다. 얼마 전 학교 폭력 실태 조사를 했을 때도 전혀 문제

스마트폰이란?

컴퓨터에서만 할 수 있었던 인터넷 통신, 정보 검색, 문서 작성 등의 기능을 휴대전화에 추가한 지능형 단말기를 말해. 컴퓨터에서 프로그램을 설치해 사용하듯 스마트폰에도 여러 가지 응용프로그램(애플리케이션)을 설치해 쓸 수 있어. 애플리케이션은 간단히 줄여서 '앱'이라고 부르지. 무선 인터넷을 이용하면 이동 중에도 인터넷 서비스를 사용할 수 있고, 컴퓨터나 다른 스마트폰과도 간편하게 데이터를 주고받을 수 있지.

가 없었습니다."
"하지만 심한이의 몸에 오랜 기간 폭행을 당한 흔적이 있다고 하던데요."
요리의 말에 선생님이 깜짝 놀라며 되물었다.

"그래요? 어떻게 된 일이지?"
혜성이가 물었다.
"가장 친했던 친구는 누군가요? 만나 봤으면 하는데요."
선생님은 당황하며 대답했다.
"아, 네. 최재섭이라는 아이입니다. 그런데 재섭이가 오늘 결석을 했어요. 조금 전에 어머님이 전화하셨는데 어젯밤부터 안 들어왔다고 합니다."

그렇다면 혹시 최재섭도? 소심한의 가장 친한 친구라면 둘이 같이 당한 게 아닐까? 불안감이 몰려왔다. 요리는 황급히 최재섭의 집으로 전화를 걸었다.

최재섭의 엄마는 아들에게 무슨 일이 생겼나 싶어 애태우고 있었다. 이제껏 집에 안 들어온 적은 한 번도 없었는데 들어오지도 않고 전화기까지 꺼져 있다고 했다. 소심한의 일에 대해서는 아직 모르는 듯했다. 집이 학교 근처라고 하기에 재섭이 엄마를 만나 보기로 했다.

놀라운 반전

교무실에서 나오려는데 또 태산이가 없었다. 분명히 같이 들어왔는데 어느새 또 샛길로 빠진 것이다.

"영 관심이 없는 것 같아."

요리의 말에 혜성이도 고개를 끄덕였다.

"그러게 말이야. 이 일이 억지로 시켜서 되는 일도 아닌데."

요리와 혜성이가 현관에서 막 나왔을 때 등나무 벤치에서 여학생들의 목소리가 들렸다.

"와, 너 진짜 귀엽다. 이름이 뭐니?"

이것저것 묻는 여학생들 가운데에 태산이가 앉아 있었다. 정말 황당

했다. 요리가 태산이를 불렀다.

"강태산!"

태산이와 여자아이들이 동시에 쳐다봤다. 한 학생이 물었다.

"언니는 누구세요?"

난감한 질문이다. 그때 수업 종이 울렸다. 혜성이가 말했다.

"수업 시작했다. 얼른 들어가라."

여학생들이 아쉬워하며 교실로 들어가자 요리가 단호하게 말했다.

"강태산, 하기 싫어? 그럼 그만해도 좋아."

태산이는 벌떡 일어나 요리를 물끄러미 보더니 말했다.

"나도 수사했어."

"수사? 무슨 수사?"

혜성이가 물었다.

"그 남자애 왕따였대. 한 아이가 주동했대."

"정말? 그게 누구래?"

혜성이가 놀라 묻자, 태산이는 아쉬운 듯 말했다.

"그걸 물어보려는 순간, 누나가 불렀어."

다시 말해 아까 그 상황은 태산이가 여학생들에게 소심한에 대해 묻는 상황이었고 소심한을 괴롭힌 주동자에 대해 알아내려는 순간, 요리 때문에 실패했다는 얘기였다. 어찌 됐든 소심한이 누군가의 주동으로 왕따를 당하고 있었던 것은 확실해졌다.

"그런데 왜 아까 담임 선생님은 아니라고 하셨지?"

요리가 이상한 듯 얘기하자 혜성이가 자신의 의견을 말했다.

"모르셨던 것 같은데. 아이들끼리 쉬쉬하니까 모르셨을 수도 있어."

"학교 폭력 실태 조사까지 했는데도?"

"갑자기 대 놓고 물으면 아이들 입장에선 말하지 못할 수도 있지. 혹시 보복당할까 봐 겁났을 수도 있고."

소심한이 정말 누군가에게 지속적으로 괴롭힘을 당했다면 범인은 그 아이일 수도 있다. 그리고 그와 가장 친한 최재섭도 같이 당했을 수도 있다. 아이들은 황급히 최재섭의 집으로 향했다. 그런데 재섭이 엄마는 아이들을 보자, 울먹이며 말했다.

"어떡해요. 큰일 났어요. 조금 전에 재섭이한테서 문자가 왔는데요. 흑흑."

그러면서 휴대전화에 찍힌 문자 메시지를 보여 주었다.

도대체 이게 무슨 뜻일까? 최재섭은 자기가 '나쁜 아들이고 나쁜 친구'라는 내용의 문자를 엄마에게 보낸 것이다. 요리가 물었다.

"혹시 소심한이라고 아세요?"

"소심한? 아, 우리 재섭이 친구예요. 초등학교 때부터 같이 다니던. 한 번도 보진 못했어요. 얘기만 들었지."

"심한이가 오늘 새벽, 폭행당한 채 발견됐어요."

엄마는 깜짝 놀라 털썩 주저앉았다. 그리고 울부짖기 시작했다.

"우리 재섭이, 재섭이 좀 찾아 주세요. 흑흑흑."

그런데 이상했다. 만약 최재섭이 같이 당했다면 살려 달라든지, 어디 있다든지 하는 문자를 보냈어야 되는 거 아닌가?

"전화부터 걸어 보자."

혜성이가 얼른 전화를 걸었으나, 최재섭의 휴대전화는 꺼져 있었다. 도대체 최재섭은 어디에 있는 걸까? 무사하긴 한 걸까? 왜 이런 문자는 보냈을까?

"혹시 최근에 재섭이에게 이상한 점은 없었나요?"

"예전에는 안 그랬는데, 요즘 자꾸 돈, 돈 했어요. 책 사야 된다, 학급비 내야 된다, 그러면서 돈을 타 갔죠."

소심한과 상황이 비슷하다. 누군가 둘을 괴롭히며 돈과 물건을 빼앗은 게 분명했다. 혜성이는 어 형사에게 전화해 최재섭의 사진과 전화번호를 전달할 테니 최재섭을 찾아봐 달라고 부탁했다.

셋은 다시 학교로 향했다. 소심한과 최재섭을 괴롭힌 아이가 누군지 알아내야 했다. 그런데 학교로 들어서는데 학생들이 우르르 나오고 있었다. 겨울 방학이 막 끝난 때라 오전 수업만 하는 모양이었다.

요리와 혜성, 태산이가 현관으로 들어갈 때였다. 한 여학생이 주위를 살피며 다가왔다. 아까 태산이 옆에 있던 여학생들 중 한 명이었다. 여학생은 요리 옆을 지나쳐 가며 뭔가를 내밀었다. 그러고는 다급하게 말했다.

"보세요."

요리는 그걸 엉겁결에 받아 들었다. 쪽지였다.

'태산이가 아니라 나한테?'

태산이한테 주는 쪽지라면 이해가 간다. 요리는 여학생이 왜 갑자기 자기한테 쪽지를 주는지 이유를 알 수 없었다. 하지만 혜성이는 느낌이 왔다. 여학생이 건물 안으로 사라지자 혜성이가 말했다.

"펴 봐. 전할 말이 있나 봐."

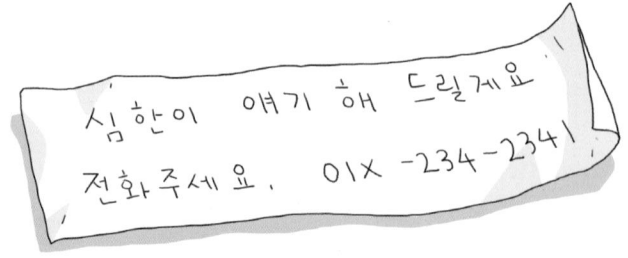

요리와 혜성이는 뭔가 있구나 싶었다. 선생님도 모르는, 아이들이 절대 말하지 못할 사연이 분명히 있다는 생각이 들었다. 요리와 혜성이는 학교로 들어가지 않고 쪽지를 준 여학생부터 만나 보기로 했다.

30분쯤 후, 학교에서 좀 떨어진 곳에서 여학생을 만났다. 이름은 송

미선. 소심한과 같은 반이고 부반장이라고 했다. 자신과 만난 걸 절대 말하면 안 된다고 몇 번씩 다짐을 받은 다음에야 송미선은 놀라운 사실을 털어놓았다.

"심한이를 괴롭힌 아이가 바로 재섭이예요."

"뭐? 최재섭?"

요리가 놀라 물었다. 혜성이뿐 아니라 태산이도 상당히 놀란 눈치였다. 요리가 다시 물었다.

"소심한이랑 제일 친한 친구가 최재섭이라던데?"

"맞아요. 초등학교 때부터 둘이 같이 다녔어요. 저도 같은 초등학교 나와서 잘 알아요."

그런데 최재섭이 소심한을 괴롭혔다?

"중학교 올라오고 1학기 때까지는 사이가 좋았어요. 심한이가 워낙 소심해서 친구가 별로 없었는데 재섭이가 잘 챙겨 줬거든요. 그런데 2학기에 들어서면서 갑자기 재섭이가 심한이를 막 대하는 거예요. 심한이 MP3도 빼앗고, 스마트폰도 빼앗았어요."

그럼 소심한이 엄마에게 잃어버렸다고 한 물건들을 사실은 최재섭에게 빼앗겼다는 말인가?

"때리기도 했니?"

요리가 물었다.

"가끔요. 자연스레 다른 애들도 심한이를 왕따시키기 시작했어요. 찌질이라고. 왜냐하면 소문에……."

송미선은 잠시 머뭇거리다 결심한 듯 말을 이었다.

"재섭이가 고등학교 일진들의 부하라는 소문이 있거든요. 그래서 괜히 재섭이 눈 밖에 나면 자기들까지 당할까 봐 그런 거예요."

정리해 보면, 소심한과 최재섭은 원래 친한 사이였는데 최재섭이 고등학교 일진들의 부하가 되면서 소심한을 괴롭히기 시작했고, 다른 아이들도 재섭이가 무서워 심한이를 왕따시켰다는 얘기였다. 혜성이가 물었다.

"어느 고등학교 일진인지 아니?"

"장훈 고등학교요."

"선생님은 전혀 모르고 계시던데."

송미선이 조심스럽게 대답했다.

"선생님도 어느 정도는 알고 계세요. 학교 폭력 실태 조사할 때 제가 말씀드렸어요."

"그래? 그런데 왜?"

"선생님이 저한테 그러셨어요. 학교 이미지 나빠지니까 다른 데 가서는 말하지 말라고, 선생님이 알아서 해결하겠다고요. 그래서 선생님 말씀만 믿고 있었는데……. 제가 선생님한테 한 번 더 얘기할걸 하는 후회도 되고 또 부반장으로서 막아 주지 못한 것도 미안해요."

학교 폭력 사태가 벌어지면 대부분의 아이들은 나만 아니면 상관없다는 이기적인 마음에, 아니면 괜히 끼어들었다가 자기에게 나쁜 일이 생길까 두려워하는 마음에 개입하지 않으려 한다. 결국 옳지 못한 일에 방관자가 되어 버리는 아이들. 그것만이 살아남는 방법이라고 생각하는 아이들. 무엇이 잘못됐는지 알면서도 말하지 못하는 우리의 아이들. 요리와 혜성이는 마음이 무거워졌다. 그저 아이들 탓으로만 돌릴 일이 아니었기 때문이다.

요리는 담임 선생님에게 화가 났다. 문제를 알았으면서 무작정 덮으려고만 하다 일을 키운 게 아닌가. 게다가 절대 그런 일이 없었다고 위증까지 했다.

"이번 일은 선생님한테도 꼭 책임을 물어야겠어."

그때였다. 어 형사에게서 전화가 왔다.

"혜성아, 마지막으로 최재섭의 휴대전화 신호 잡힌 곳 찾았다. 강산동 사거리야. 지금 경찰들 보내서 찾고 있어. 나도 그쪽으로 가고 있고. 찾으면……. 어, 찾았나 보다."

어 형사는 잠시 다른 전화를 받더니 다시 말했다.

"찾았대. 강산동 사거리에 있는 PC방이야."

"저희도 그쪽으로 갈게요."

서둘러 일어나며 요리가 송미선에게 말했다.

"고마워. 용기 내 줘서."

"제가 말했다는 건 꼭 비밀로 해 주세요."

용기 내어 진실을 말하는 것도 불안해해야 하는 세상이 요리는 새삼 무섭게 느껴졌다.

학교 폭력의 비밀

아이들이 PC방에 막 도착했을 때 어 형사가 최재섭을 데리고 나오고 있었다. 그런데 얼굴이 온통 부어 있고 옷도 지저분했다. 최재섭도 폭행을 당한 게 분명했다.

다행히 크게 다친 건 아니어서 일단 경찰서로 데려갔다. 요리가 구급상자를 가져다 치료해 주려 하자 최재섭이 고개를 홱 돌려 버렸다.

"가만히 있어! 뭘 잘했다고!"

요리가 버럭 소리를 지르자 눈물을 뚝뚝 흘리는 최재섭. 요리는 말라붙은 피를 닦고 상처에 약을 발라 줬다. 최재섭은 엉엉 울기 시작했다.

"엉엉엉. 제가 죽였어요. 심한이, 제가 죽였어요. 엉엉엉."

최재섭은 소심한이 죽은 줄 알고 있었다.

"심한이 안 죽었어. 아직 의식이 돌아오진 않았지만 생명에는 지장 없대."

혜성이가 최재섭을 안심시켰다.

"네? 정말요? 정말 안 죽었어요?"

"그래. 그러니까 걱정 마."

"으아~! 으아~!"

최재섭은 아예 목 놓아 울기 시작했다. 친구가 죽은 줄 알고 지금까지 얼마나 무서운 시간을 보냈을지, 그 마음이 그대로 느껴져 요리는 물론이고 혜성이도 가슴이 아팠다. 태산이는 보기 싫은지 고개를 돌려 버렸다. 마음이 좀 진정되자 최재섭은 그간의 일을 털어놓았다.

"상식이 형이 시켜서 그랬어요. 심한이는 나랑 가장 친한 친군데 내가 돈도 뺏고 물건도 뺏고 때리기까지 했어요. 내가 나쁜 놈이에요. 흑흑흑."

"상식이 형이라면 장훈 고등학교 일진 말이니?"

"네."

이상식. 장훈 고등학교 짱으로, 그의 폭력성은 이미 주변 학교에까지 소문이 자자하다고 했다.

"너도 맞은 거야?"

요리가 묻자 최재섭은 고개를 끄덕였다. 지난 여름 방학 때 PC방에 갔다가 처음 만났는데, 그때 돈을 뺏긴 이후로 계속 불려 나갔단다. 그때마다 돈도 뺏기고 맞기도 했다는 것.

"2학기 들어서 절 또 부르더니 앞으로는 안 때리겠다고 했어요. 제가 맘에 든다고요. 그런데 심한이는 맘에 안 드니까 저보고 잘 교육시키랬어요."

그때부터 소심한의 돈을 빼앗아 오라고 시키고, MP3나 스마트폰도 가져오라고 시켰다고 했다. 때려서라도 가르치라며 폭행을 부추기기도 했다는 것이다.

"몇 번 싫다고 한 적도 있는데, 말 안 들으면 저부터 가만히 안 두겠다고 해서……. 흑흑흑."

조폭도 아닌 고등학생들이, 자신들보다 한참 어린 중학생들을 이렇게 괴롭히다니!

최재섭은 그저께 낮에도 이상식이 소심한을 손봐 주라고 해서 할 수 없이 화장실에 데려갔다고 했다.

"제가 막 때리려는 순간, 심한이가 말했어요. '내가 죽으면 그 형들이 너 안 괴롭힐까?' 흑흑흑. 난 나만 살려고 심한이를 때리고 심한이 것도 다 뺏고 그랬는데, 오히려 제 걱정을 하고 있었던 거예요. 흑흑흑."

이전에도 소심한은 최재섭이 때릴 때 한 번도 맞받아친 적이 없다고 했다. 최재섭이 그러는 게 모두 이상식이 시켜서 하는 일이란 걸 알았기 때문이다. 둘은 서로 붙잡고 한참 동안 울었고, 같이 힘을 합쳐서 벗어나기로 결심했단다.

최재섭은 그때부터 이상식에게서 걸려 오는 전화도 받지 않고 문자에도 답하지 않았다고 했다. 그런데 눈치를 챘는지 바로 어제, 학교 앞으로 이상식이 부하들을 끌고 찾아온 것이다.

곧바로 송인동 야산의 버려진 공중 화장실로 끌려간 아이들. 이상식은 또 최재섭에게 소심한을 때리라고 시켰고 최재섭이 싫다고 하자 최재섭을 마구 때렸다고 한다.

"맞다 보니까 죽을 것 같더라고요. 그래서 또……."

최재섭은 할 수 없이 소심한을 때렸고, 이상식의 다른 부하들도 달려들어 막대기가 부러질 때까지 때렸단다. 잠시 후 부하 중 한 명이 심한이가 숨을 안 쉰다며 죽은 것 같다고 소리쳤고, 도망치라는 이상식의 말에 자기도 모르게 달아나고 말았다고 했다.

"그래서 심한이가 죽은 줄만 알고……. 흑흑흑."

물론 이상식과 부하들은 경찰이 찾더라도 자신들은 모르는 일이라며 자기들 이름을 대는 날에는 가만두지 않겠다는 협박까지 했단다.

"너무 무서워서 집에도 못 들어가고 죽으려고 한강에도 갔었는데, 부모님 생각이 나서……. 흑흑흑."

"그럼 빨리 자수했어야지."

요리의 말에 최재섭은 고개를 숙이고 하염없이 눈물만 흘렸다. 어 형사가 명령했다.

"요리랑 나는 그 녀석들 찾아서 잡아 올 테니까 혜성이 넌 태산이 데리고……. 어! 강태산 또 어디 갔어?"

이런, 그사이 또 사라졌단 말인가!

"혜성이는 태산이 찾아서 현장에 갔다 와. 놈들이 분명 발뺌할 테니까 확실한 증거가 있어야 해."

"네!"

요리는 어 형사를 따라 용의자 이상식과 부하 한창훈, 김공수를 잡으러 갔고, 혜성이는 태산이를 찾아 주위를 살폈다. 태산이는 경찰서 뒤쪽 벤치에 혼자 앉아 있었다.

"강태산, 너 또!"

혜성이가 다가가며 불렀다. 그런데 얼른 눈가를 훔치며 일어나는 태산이.

'울고 있었나?'

태산이 눈가에 아직 눈물이 어려 있었다.

'무슨 일 있나? 태산이처럼 차가운 아이가 울 일이 뭘까?'

혜성이는 궁금했다. 하지만 모른 척하고 아무것도 묻지 않았다.

"따라와."

태산이는 말없이 혜성이를 따라나섰다.

증거를 찾다!

어 형사와 요리는 용의자들이 자주 간다는 PC방과 만화방을 샅샅이 뒤져 만화방에 모여 있는 세 명의 용의자들을 모두 붙잡았다. 그러나 예상대로였다.

"그날 밤 11시 반까지 공수네 집에 있었어요. 정말이에요."

이상식이 알리바이를 주장했다.

김공수는 할머니와 둘만 사는 아이였는데 자기 할머니한테 물어보라며 끝까지 버텼다. 물론 할머니는 그들이 주장하는 대로 집에 있었다고 증언해 주었다. 김공수가 미리 할머니에게 부탁해 놓은 게 분명했다. 할머니의 행동에서 행여 손자가 잡혀갈까 걱정하는 마음이 충분히 느껴졌기 때문이다.

그런데 문득 요리의 눈에 띄는 게 있었다. 김공수가 손에 붕대를 감고 있었던 것. 요리가 물었다.

"어디서 다친 거니?"

김공수와 다른 아이들의 눈이 씰룩거렸다. 뭔가 숨기는 눈치였다. 김공수는 머뭇대며 말했다.

"집에서 카레라이스 만들다가 칼에 베었어요."

요리가 굳은 표정으로 말했다.

"붕대 풀어 봐."

한편 혜성이와 태산이는 함께 송인동 야산으로 갔다. 가는 도중 태산이가 물었다.

"한국 애들 다 그래?"

폭행당한 아이도, 폭행한 아이도 아직 어린 중고등학생이라는 것이 마음에 걸렸나 보다.

"다 그런 건 아니야. 정말 착하고 좋은 아이들도 많아. 아까 미선이 봤잖아."

혜성이의 말에 태산이는 아무 대꾸도 하지 않았다. 표정을 보니 머릿속이 복잡한 모양이었다.

등산로 입구에 들어섰지만 소심한과 최재섭이 끌려갔었다는 공중화장실은 보이지 않았다. 지나가는 사람에게 물어보니, 등산로 입구가 바뀌어서 예전에 쓰던 화장실은 안 쓴 지 오래됐다고 했다. 그 사람이 가르쳐 준 대로 찾아가자 덤불이 우거진 으슥한 곳에 폐가처럼 버려진 화장실이 있었다.

다행히 사람들이 전혀 지나다니지 않는 곳이어서 사건 당시의 상황이 그대로 보존되어 있었다. 제일 안쪽에 핏자국이 집중적으로 흩어져 있는 곳이 있었는데 바로 그 자리에서 소심한을 구타한 게 분명했다.

혜성이는 현장 사진을 찍고 소심한의 혈흔이 맞는지 조사하기 위해 혈흔을 채취했다. 그런데 문득 고개를 들어 보니, 태산이가 반대편 벽 쪽으로 뒤돌아서서 바닥을 보고 있었다. 혜성이가 다가가 말했다.

"이런 거 처음 보지? 보기 힘들면 나가서 기다려도 돼."

태산이는 천천히 고개를 들더니 바닥을 가리키며 말했다.

"범인 피야."

혜성이는 무슨 얘긴가 했다.

"뭐? 범인 피?"

오래된 핏자국도 분석할 수 있을까?

몇 년 전, 백범 김구 선생이 암살당했을 때 입고 있던 조끼적삼에 묻은 피를 검출해 선생의 혈액형이 AB형이라는 사실을 알아낸 일이 있었어. DNA도 성공적으로 분리해 유전자형을 확보할 수 있었지. 옷이 마른 상태에서 보관되어 습도 등의 영향을 받지 않아 부패되지 않았기 때문에 가능한 일이었어. 하지만 자외선이나 강한 열, 습한 환경에 노출됐을 경우는 핏자국에 물리적, 화학적 작용이 일어나 분석할 수 없는 경우도 많아. 또 페인트나 흙 등이 묻은 경우도 분석하기 쉽지 않지.

그 순간, 혜성이의 눈에 들어온 게 있었다. 바로 핏자국이었다. 핏자국이 집중적으로 떨어진 곳이 아닌 전혀 다른 곳에 떨어진 몇 방울의 핏자국. 그렇다면 범인도 다쳤단 말인가? 혜성이는 모른 척 물었다.

"피해자의 것이겠지. 범인이 왜 피를 흘렸겠어."

그러나 태산이는 단언했다.

"아니. 이건 범인 피야."

"범인의 피라고 확신하는 이유가 뭔데?"

"저쪽이랑 멀리 떨어져 있잖아. 몇 방울만. 많이 다치지 않았다는 거지. 또 하나, 중력 때문이야."

"중력?"

혜성이가 되묻자, 태산이가 천천히 대답했다.

"응. 중력은 지구가 물체를 끌어당기는 힘이야. 지구 위의 모든 물체는 중력을 받지. 그래서 높은 곳에 있는 물체는 받쳐 주는 힘이 없으면 곧바로 지구 중심을 향해 떨어져. 그리고 높은 곳에서 떨어질수록 중력에 의해 가속되기 때문에 바닥에 닿을 때의 속력이 커지지."

"핏자국이랑 중력이 무슨 상관이 있는데?"

"핏방울이 떨어질 때도 중력을 받잖아. 그래서 핏방울이 떨어진 높이, 피 흘리는 사람이 움직인 방향과 속도 등에 따라 핏자국의 모양이 다 다르게 나타나. 핏자국을 보면 피를 흘린 사람의 움직임을 알 수 있어."

"좋아. 그럼 이 핏자국이 범인이 남긴 것이라는 증거는?"

"물체가 중력만 받고 떨어지는 것을 자유 낙하라고 해. 가만히 서 있을 때 피가 떨어지는 경우도 중력의 힘만 작용하니까 핏방울은 자유 낙하를 해. 그럼 이렇게 동그란 모양의 핏자국이 생겨. 피를 흘린 사람이 움직이지 않았다는 증거지. 그러니까 이건 범인의 핏자국이야."

혜성이는 깜짝 놀랐다. 태산이는 일반적인 과학 지식뿐 아니라 과학 수사에 관해 전문적인 지식까지 알고 있었다.

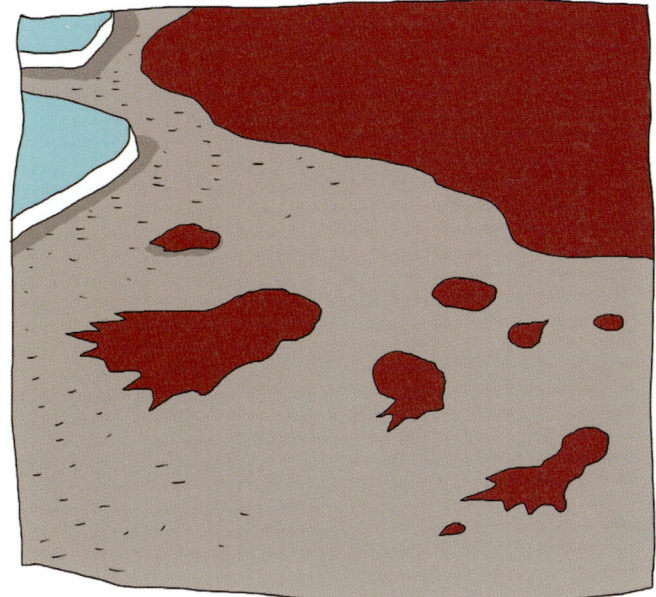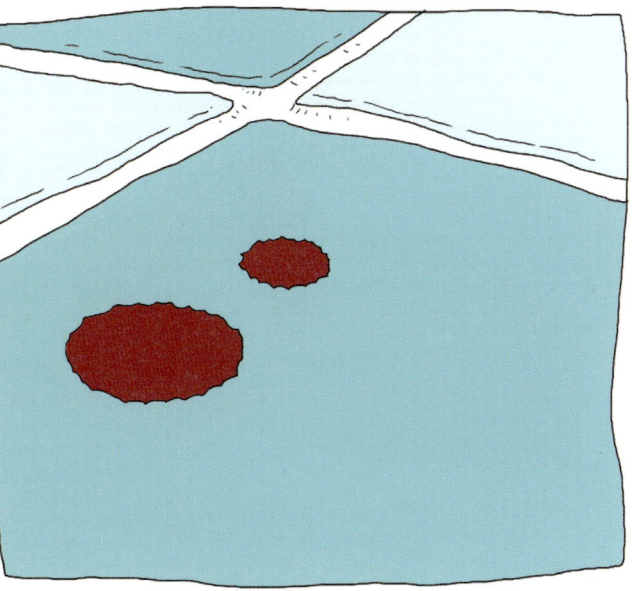

태산이의 설명은 정확했다. 움직일 때 떨어진 핏자국은 그 움직임에 따라 방향성을 나타낸다. 반대편, 핏자국이 집중적으로 몰려 있는 곳의 핏자국은 다 방향성이 있다. 이리저리 맞을 때 떨어진 피라는 뜻이다. 그런데 태산이가 발견한 핏자국은 동그랗다. 분명히 가만히 서 있을 때 떨어진 자유 낙하 혈흔이다. 태산이 말대로 양도 아주 적었다.

"최재섭도 피를 흘렸으니, 최재섭의 피일 수도 있어. 일단 핏자국 채취해서 검사해 보자. 혈흔 채취해 봤니?"

태산이는 고개를 끄덕였다. 아빠가 일본에서 탐정이라더니, 아빠에게 배운 모양이었다. 태산이가 혈흔을 채취하는 동안 혜성이는 화장실 입구 쪽에서 쓸린 핏자국을 찾았다. 소심한이 정신이 들었을 때 밖으로 기어 나가면서 생긴 흔적이 분명했다.

혜성이와 태산이가 경찰서에 들어서자마자 요리가 물었다.

"혹시 핏자국 중에 피해자 말고 다른 사람의 핏자국은 없었어?"

"있었어. 그걸 어떻게 알았어?"

혜성이가 놀라며 물었다.

"용의자 중 한 명이 손을 다쳤더라고. 요리하다 칼에 베었다는데 상처를 보니까 나무 같은 게 부러지면서 생긴 상처였어."

"그 핏자국, 태산이가 찾아냈어."

혜성이가 태산이를 가리키자 요리는 깜짝 놀란 얼굴로 태산이를 봤다. 하지만 태산이는 여전히 수사에 관심 없는 시큰둥한 표정이었다.

동그란 핏자국의 주인은 예상대로 김공수로 밝혀졌고, 이상식 일당이 사건 현장에 있었던 사실이 확인되면서 세 명은 폭행치상 혐의로 구속되었다.

소식을 들은 최재섭의 엄마는 우리 아들도 피해자니 선처해 달라고 울며불며 매달렸다. 하지만 최재섭은 소심한을 함께 폭행했고, 게다가 사건 후에 신고하지 않고 도망친 것도 큰 죄였다. 그러다 소심한이 정말 목숨을 잃었다면 어쩔 뻔했는가. 하지만 자신의 죄를 깊이 뉘우치고 있는 점, 피해자처럼 당하는 입장이었던 점, 그리고 아직 어린 나이라는 점 등은 정상 참작이 될 것이다.

요리는 선생님들이 사건에 대해 제대로 알고 있었는지, 또 제대로 조치를 취했는지 조사해 달라고 의뢰했다. 미리 막을 수 있었던 사건이었는데도 그저 덮기에만 급급하다 일이 커졌다는 생각에서였다.

다음 날 아침. 다행히 소심한이 깨어났다는 소식이 들렸다. 요리와 혜성이는 최재섭을 데리고 병원으로 갔다. 소심한과 최재섭은 손을 잡고 오랫동안 눈물을 흘렸다. 재섭이 엄마도 심한이 엄마에게 진심으로 사과했다.

요리와 혜성이는 형사 학교로 갔다. 태산이의 테스트 결과를 보고하기 위해서였다. 먼저 어 형사가 공 교장에게 말했다.

"처음엔 좀 걱정했는데, 잘 키우면 괜찮겠어요. 아는 것도 아주 많던데요. 하하하."

그러나 혜성이는 반대했다.

"전 반대예요. 아무리 많은 걸 알고 능력이 있어도 좋아하지 않는 일은 잘할 수 없어요. 태산이는 CSI보다 딴 데 마음이 있는 것 같아요."

요리도 동의했다.

"저도 태산이의 뜻과 마음가짐이 가장 중요하다고 생각해요."

공 교장은 잠시 생각하더니 고개를 끄덕였다.

"그래. 내가 태산이 아버지 말씀만 듣고 정작 태산이의 생각은 물어보지 못했구나."

그러자 어 형사가 깜짝 놀라며 말했다.

"그럼 어떡해요? 아직 두 명밖에 없는데, 두 명 갖고 어떻게 CSI를

꾸려요?"

어 형사는 조금 있다 마리와 차원이가 올 텐데 엄청 실망하겠다며 잔뜩 걱정을 늘어놓았다. 그런데 공 교장이 말했다.

"두 명이 아니라 세 명이야."

"세 명이요? 또 있어요? 누군데요?"

바로 그때, 노크 소리가 들렸다. 문이 열리고 수리와 화산이가 들어왔다. 그리고 그 뒤를 따라 들어온 아이는 바로 은하수. 하수는 수줍은 모습으로 인사했다.

"안녕하세요? 은하수입니다."

"가만, 그럼 네가 바로 그림을 무지 잘 그린다는 아이?"

어 형사가 놀라 물었다. 수리와 화산이가 하수에 대한 이야기를 모두 전했었다. 그사이 수리와 화산이는 포기하지 않고 하수와 엄마를 설득했다. 그리고 바로 어제 하수는 그동안 말하지 못했던 자신의 진짜 생각을 밝혔다.

"엄마, 저 CSI 하고 싶어요. 저 어렸을 때 추리 소설이랑 영화 좋아해서 형사 되고 싶다고 말한 적 있었잖아요."

"그거야 그냥 한 말이잖니. 소설이나 영화 속 형사들이야 멋져 보이니까."

"그냥 한 말은 아니었어요. 엄마가 피아니스트가 되라고 하셔서 포기했던 거예요. 그치만 이번 기회만큼은 정말 놓치고 싶지 않아요."

하수의 차분한 설득에 하수 엄마는 또 한 번 허락해 줄 수밖에 없었다고 했다.

공 교장이 물었다.

"열심히 할 수 있지?"

"네."

얼굴 빨개지며 대답하는 은하수. 수줍음이 저렇게 많아서 과연 괜찮을까 걱정도 됐지만 공 교장은 하수가 와 주어 든든했다. 마냥 여리고

엄마 말씀에 무조건 따르는 아이인 줄 알았는데, 어제 엄마 앞에서 당당히 자신의 생각을 밝혔다는 얘기를 들었기 때문이다. 드디어 은하수는 CSI의 지구과학 형사가 되었다.

곧이어 마리와 차원이가 도착했다. 처음 만난 아이들은 서로 간단히 인사를 나눴다. 그나저나 이렇게 되면 CSI는 세 명으로 시작해야 하는 상황. 물리 형사가 없어 걱정이지만 어쩔 수 없었다.

 # 태산이가 들려주는 사건 해결의 열쇠

폭행당한 채 발견된 중학생. 폭행 장소에 남아 있던 수많은 핏자국 중에서 피해자의 것이 아닌 범인의 핏자국을 발견할 수 있었던 것은 중력과 자유 낙하 운동에 대해 잘 알았기 때문이야.

💡 중력이란?

공을 높이 차면 다시 땅으로 떨어지고, 물건을 잡고 있다 놓쳐도 땅으로 떨어지고, 물은 항상 높은 곳에서 낮은 곳으로 떨어져. 그 이유는 뭘까? 모두 다 '중력' 때문이야.

중력이란 지구가 물체를 지구 중심으로 끌어당기는 힘이야. 지구와 같이 큰 물체는 큰 힘으로 물체를 끌어당기지. 지구상의 모든 물체는 지구 중력의 영향을 받아. 만약 중력이 없다면 지구 위의 모든 물체는 지구에 붙어 있을 수 없을 거야. 또 우리가 몸무게를 느끼는 것도 지구의 중력이 우리에게 작용하기 때문이야.

〈중력 – 지구와 나〉

 자유 낙하 운동

  물체를 손에 들고 있다가 가만히 손을 빼면 물체는 곧바로 땅바닥, 즉 지구 중심을 향해 떨어져. 이렇게 물체가 오로지 중력만 받으며 떨어지는 운동을 '자유 낙하'라고 해.

  물체가 자유 낙하할 때는 중력만 받기 때문에 속력이 1초에 약 10m씩 증가해. 물론 떨어질수록 속력이 증가하기 때문에 속력이 가장 큰 위치는 바닥에 닿기 바로 직전이지.

  같은 질량의 물체라면 높은 곳에서 떨어질수록 땅에 닿을 때의 속력이 더 커져. 같은 공을 여러 높이에서 떨어뜨려 보면 높은 곳에서 떨어뜨린 공이 더 많이 튕겨 오르는 것을 볼 수 있는데, 땅에 닿는 순간의 속력이 더 크기 때문이야. 같은 물건도 높은 곳에서 떨어뜨릴수록 더 심하게 부서지잖아? 땅에 닿는 순간의 속력이 더 커서 물건에 더 큰 충격을 주기 때문이지.

〈자유 낙하 운동의 속력 변화〉

💡 중력과 핏자국

중력은 모든 물체에 작용하니까 떨어지는 핏방울에도 당연히 중력이 작용해.

가만히 서 있는 상태에서 핏방울이 떨어지면 핏방울은 자유 낙하를 하고, 동그란 모양의 핏자국이 생겨. 그런데 높은 곳에서 떨어질수록 바닥에 떨어지는 순간의 속력이 커져 바닥과 더 세게 충돌하므로 핏자국의 크기가 더 크고, 테두리의 모양도 더 불규칙하게 나타나. 그래서 자유 낙하한 동그란 핏자국도 그 크기나 테두리의 모양을 비교해 보면, 피 흘린 사람이 앉아 있었는지 서 있었는지를 알 수 있어.

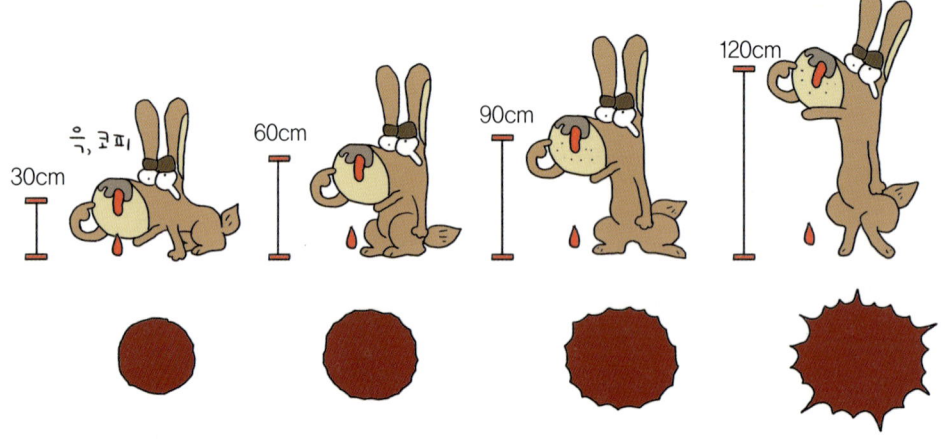

〈높이별 핏자국의 변화〉

만약 피를 흘린 사람이 움직였다면 핏자국은 그 움직임도 그대로 보여 줘. 일단 핏자국은 타원 모양이 되지. 타원 모양이 좁아지는 쪽이 바로 움직인 방향이야. 또 걷는 방향을 따라 핏자국이 생겨. 핏자국의 방향을 보면 어디로 어떻게 움직였는지 알 수 있어. 걷는 속도에 따라서 핏자국 사이의 간격도 달라져. 빨리 움직였을 경우 핏자국 사이의 간격이 더 넓지.

〈이동하면서 흘린 핏자국〉

그러니까 생각해 봐. 사건 현장에 떨어진 핏자국 중 **자유 낙하한 핏자국**을 발견했어. 가만히 서 있을 때 떨어진 핏자국이라는 증거지. 양도 다른 핏자국보다 훨씬 적었어. 결국 피해자가 아닌 범인의 핏자국임을 확신했고, 범인을 잡을 수 있었지.

CSI, 함께 놀며 훈련하다!

① 나뭇잎 도감 만들기

주변의 식물들로 도감을 만들어 볼까? 잎차례와 잎의 생김새를 기준으로 나누어 보는 거야.

• 준비물 •

줄기에 붙은 나뭇잎  스케치북 
셀로판테이프  펜

❶ 산이나 들에 나가 줄기에 붙은 나뭇잎을 모은다.

❷ 나뭇잎을 잎차례에 따라 나눈다.

❸ 스케치북에 붙이고, 식물 이름과 잎차례, 잎의 생김새 등 특징을 쓴다.

주변에서 흔히 보던 식물들도 잎차례를 기준으로 나누어 보면 새롭게 보여. 또 겹잎인지, 홑잎인지도 다 다르지. 사람들도 저마다 특징이 있듯 식물들도 다 다르다는 것, 이젠 알겠지?

❷ 나뭇잎 탁본 뜨기

나뭇잎 탁본을 뜨면 나뭇잎의 모양과 잎맥을 확실하게 볼 수 있어. 같이 해 볼까?

❶ 나뭇잎의 뒷면에 물감을 칠한다.

❷ 물감을 칠한 나뭇잎을 종이에 찍고 모양과 잎맥을 관찰한다.

❸ 여러 종류의 나뭇잎 탁본을 모아 재미있는 모양을 만든다.

둥근 모양인지 길쭉한 모양인지, 가장자리에 톱니가 있는지 없는지, 나뭇잎의 모양뿐 아니라 잎맥까지 확실하게 볼 수 있지? 나뭇잎 도감에 직접 탁본을 떠 두어도 좋고, 여러 가지 나뭇잎 탁본을 모아서 새로운 모양을 만들어 보는 것도 재미있어.

차원이랑 함께하는 신기한 놀이

① 우유 점토 만들기

우유 단백질을 걸러 내 말랑말랑한 점토를 만들어 볼까? 위험하니까 어른과 함께 해야 돼.

말랑말랑한 우유 점토가 만들어졌지? 우유는 대표적인 콜로이드 용액이야. 우유에 식초를 뿌리면 우유는 산성이 돼 응고돼. 또 단백질의 점성을 높여 주는 소다를 넣으면 우유 응어리가 끈끈해져. 우유 점토로 예쁜 모양을 만들어 봐.

② 우유는 콜로이드 용액

소금물과 우유가 다른 점은 뭘까? 바로 틴들 현상이야. 그게 뭐냐고? 직접 눈으로 확인해 봐.

● 준비물 ●
소금   우유   유리컵
물   레이저 포인터

❶ 소금과 물을 섞어 소금물 한 컵을 만든다.

❷ 물에 우유 몇 방울을 떨어뜨려 아주 묽은 우유 한 컵을 만든다.

❸ 어두운 방에서 레이저 포인터로 각각의 용액을 비춰 본다.

소금물은 빛의 통로가 보이지 않는데, 묽은 우유는 보이지? 우유 속 콜로이드 입자의 크기가 커서 빛이 통과하지 못하고 흩어지기 때문이지. 바로 이것이 틴들 현상이야. 틴들 현상은 콜로이드 용액의 대표적인 특징이지.

하수랑 함께하는 신기한 놀이

1 지구 자전과 낮과 밤

태양이 움직이는 게 아니라 지구가 자전하기 때문에 낮과 밤이 생겨. 눈으로 확인해 볼까?

손전등은 태양, 오렌지는 지구, 꼬챙이는 지구의 자전축, 스티커는 우리나라야. 축을 살짝 기울인 이유는 실제로 지구 자전축이 약 23.5도 기울어져 있기 때문이지. 태양은 항상 빛나지만 우리나라가 태양 쪽에 있을 때는 밝은 낮, 반대쪽에 있을 때는 빛이 닿지 않아 어두운 밤이 되는 거지.

❷ 반사광으로 달걀 삶기

태양 에너지가 얼마나 센지 확인해 볼까? 태양 에너지만으로 달걀을 삶아 보는 거야.

• 준비물 •
알루미늄 포일   카드 20장
금속 냄비   날달걀 1개

❶ 각각의 카드를 알루미늄 포일의 반짝이는 부분으로 구겨지거나 주름지지 않게 싼다.

❷ 냄비에 따뜻한 물을 담아 햇빛이 잘 드는 곳에 놓는다.

❸ 카드에서 반사되는 빛이 냄비에 모이도록 카드를 세우고, 냄비에 달걀을 넣는다.

알루미늄 포일이 반사판 역할을 해서 태양 에너지를 냄비로 모아 줘. 어느 정도 시간이 지나면 물이 끓기 시작해서 달걀이 익지. 햇빛의 강도에 따라 걸리는 시간이 달라지니까 햇빛이 가장 강한 정오에 하면 달걀이 더 빨리 익겠지?

태산이랑 함께하는 신기한 놀이

❶ 무거우면 더 빨리 떨어진다?

질량이 큰 물체는 중력이 더 크니까 더 빨리 떨어진다? 정말 그럴까? 친구와 함께 실험해 봐. 다치지 않게 조심해야 돼.

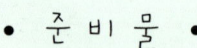

크기가 비슷한 무거운 공과 가벼운 공

❶ 한 명은 미끄럼틀 위에, 한 명은 바닥에 선다.

❷ 미끄럼틀 위에 선 사람이 한 손에는 무거운 공, 다른 손에는 가벼운 공을 들고 동시에 떨어뜨린다.

❸ 바닥에 선 사람은 둘 중 어느 공이 먼저 떨어지는지 본다.

무거운 공과 가벼운 공이 거의 동시에 떨어지지? 물체가 떨어질 때 중력에 의해 받는 가속도는 모든 물체가 똑같아. 그래서 동시에 떨어지지. 하지만 실제로는 약간 차이가 날 수 있어. 물체마다 받는 공기의 저항이 다르기 때문이지. 공기 저항이 클수록 물체는 천천히 떨어지거든.

❷ 중력의 효과

중력의 영향에 의해 핏자국의 모양이 어떻게 달라지는지 확인해 볼까?

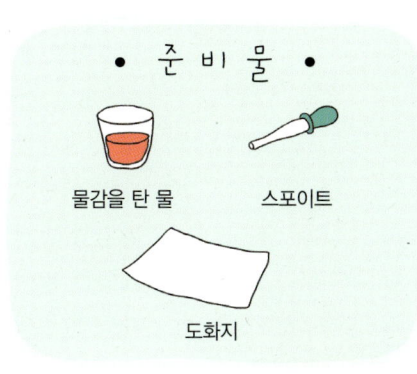

• 준비물 •
물감을 탄 물   스포이트
도화지

❶ 스포이트에 물감 탄 물을 넣는다.

❷ 도화지 위에 스포이트를 점점 높이 들면서 물을 한 방울씩 떨어뜨린다.

❸ 또 스포이트를 일정한 방향으로 움직이며 한 방울씩 떨어뜨린다.

높은 곳에서 떨어뜨릴수록 물방울 자국의 크기가 더 크고 테두리 모양이 삐죽삐죽해지는 걸 볼 수 있어. 중력에 의해 높은 곳에서 떨어질수록 종이에 닿을 때의 속력이 더 커지기 때문이지. 또 스포이트를 움직이면 타원형의 물방울이 움직이는 방향을 따라 생기는 걸 볼 수 있어.

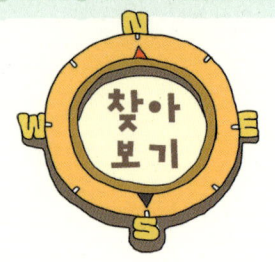   

ㄱ
갖춘잎 46
거짓말 탐지기 123
겹잎 42, 47
고무나무 77, 88

ㄴ
뇌 지문 탐지기 123

ㄷ
대마 41, 48
돌려나기 41, 47

ㄹ
라텍스 77, 88
라텍스 가면 80, 89

ㅁ
마주나기 41, 47
무리지어나기 41, 47
문서 감정 55

ㅅ
삼 41, 48
스마트폰 138

ㅇ
안갖춘잎 46
양귀비 43
어긋나기 41, 47
엽서 41
원심 분리법 78, 88
잎몸 42, 46
잎자루 42, 46
잎차례 41, 47

ㅈ
자유 낙하 158, 167
자유 낙하 혈흔 160, 168
중력 158, 166
지구 자전 127

ㅊ
천연 라텍스 78, 88

ㅋ
콜로이드 77, 86
콜로이드 용액 77

ㅌ
태양 에너지 126~129
태양광 발전 129
태양열 발전 129
태양열 주택 128
태양열 집열판 120, 128
태양의 나이 120
태양의 움직임 122, 127
턱잎 42, 46
테트라히드로카나비놀(THC) 42, 49
틴들 현상 87

ㅍ
핏자국 크기와 모양 168, 169

ㅎ
합성 라텍스 78, 88
합성고무 78, 88
향수 23
홑잎 42, 47

사회와 추리의 만남
모든 사건의 열쇠는 사회 교과서에 있다!

<어린이 과학 형사대 CSI>를 잇는 또 하나의 시리즈,
새로운 인물과 더욱 흥미진진해진 사건으로 탄생한
'어린이 사회 형사대 CSI'의 이야기!

다섯 친구들이 펼치는
좌충우돌 형사 학교 이야기.

이제부터 사회 CSI와 함께 흥미진진한
사건들을 해결해 보자!

사회 형사대 CSI 시즌 1 완간!

❶ CSI, 탄생의 비밀 ❷ CSI, 힘겨운 시작 ❸ CSI에 도전하다 ❹ CSI, 파란만장 적응기
❺ CSI, 위기에 처하다 ❻ CSI, 경찰서 실습을 가다 ❼ CSI, 영국에 가다
❽ CSI, 정치 사건을 해결하다 ❾ CSI, 멋진 친구들! ❿ CSI, 새로운 시작!